PEACE MAKER

Presented by
Ryouji Minagawa

1

CONTENTS

THE STORY BEGINS

ACTION 1 : Crimson Executer

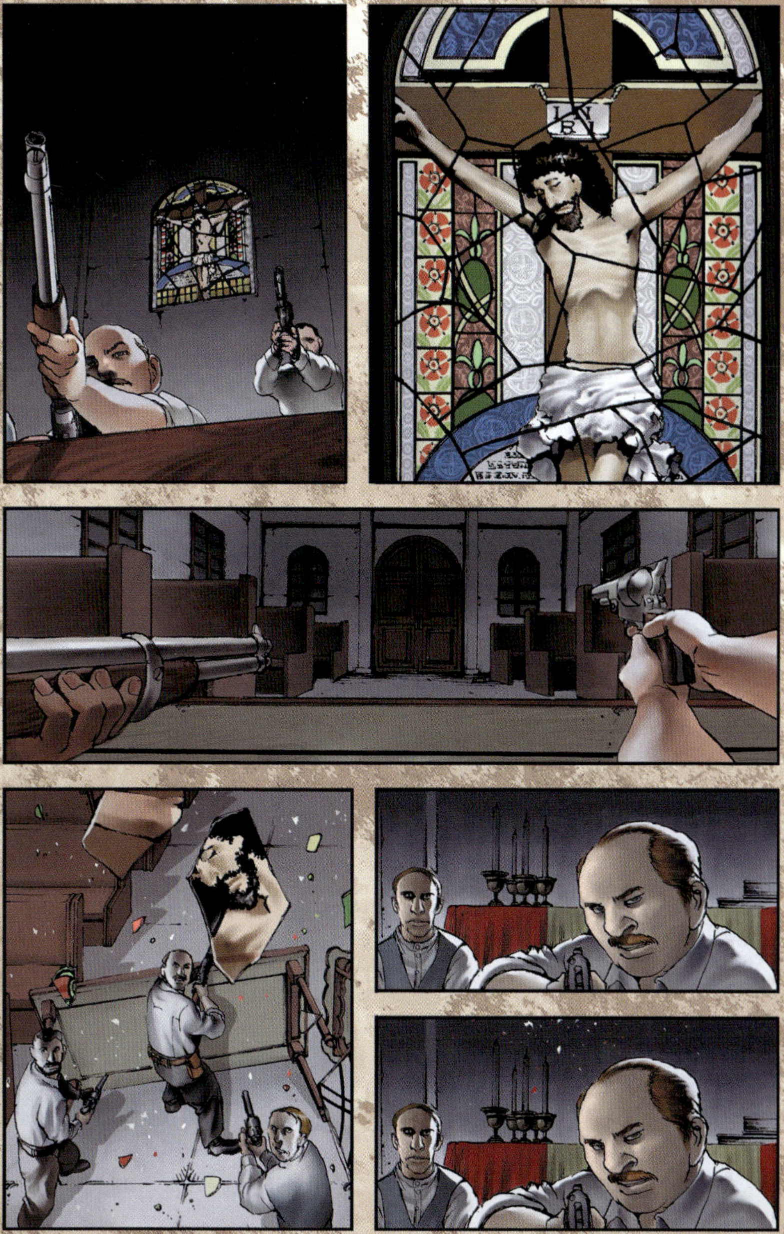
INRI

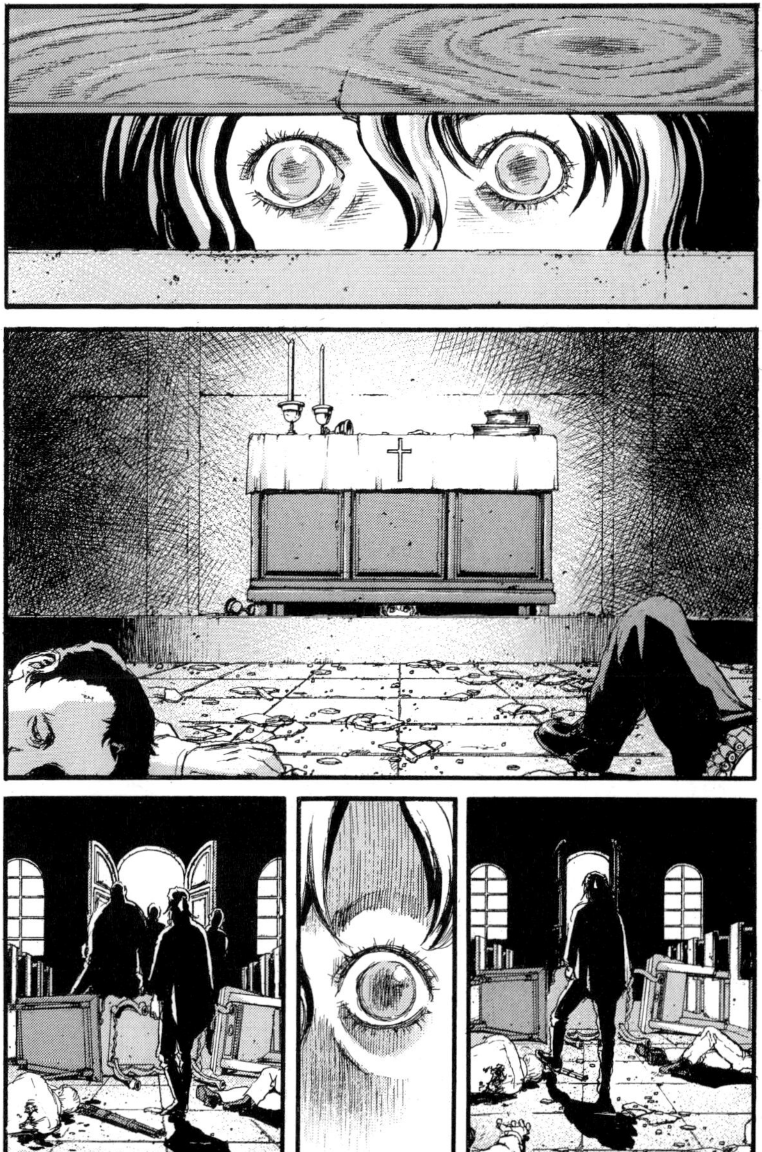

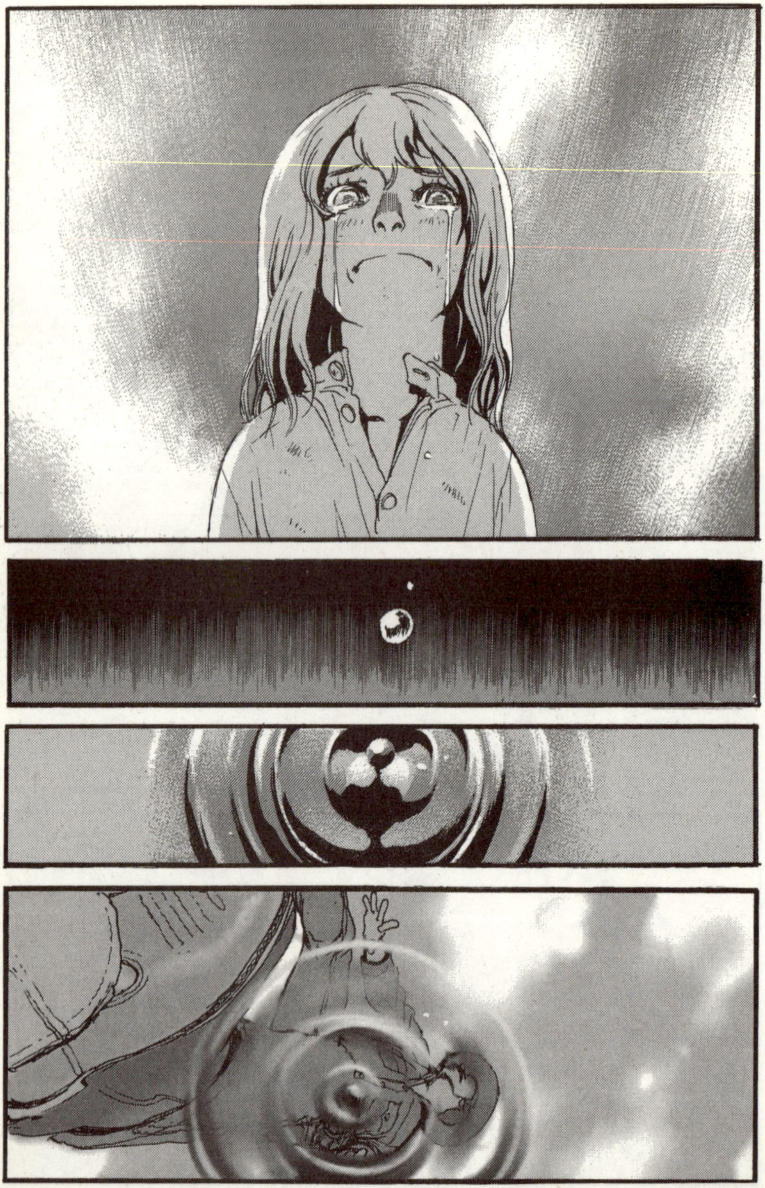

CAFE

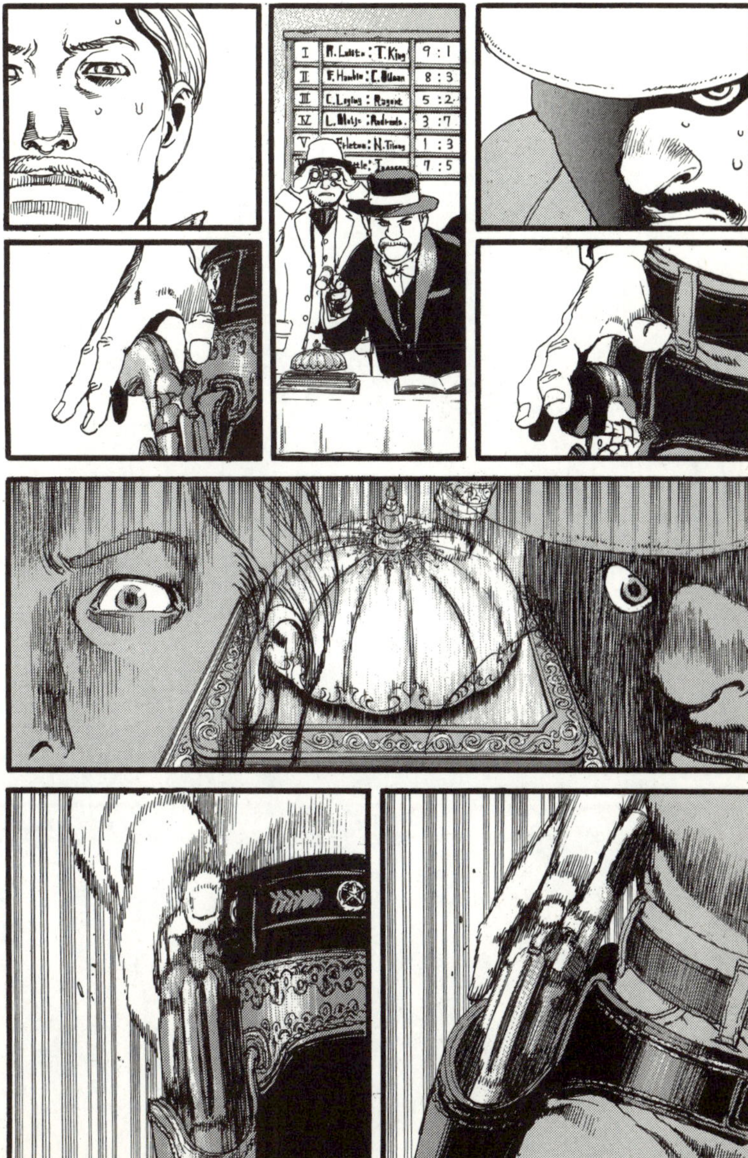
I T. King 9 : 1
II 8 : 3
III 5 : 2
IV 3 : 7
V 1 : 3
7 : 5

WAAAAA
J'AI BIEN FAIT DE MISER ENCORE SUR TOI !
BIEN JOUÉ, GREG ! T'AS PAS VOLÉ TON TITRE DE CHAMPION !
WAAAA
C'EST FINI !
JE PROCLAME GREG RIVER VAINQUEUR !
TCHOC
JE T'AI FAIT CONFIANCE, ET ME VOILÀ RUINÉ !
PUTAIN DE KARLOV ! TU M'AS DÉÇU !
JE MISE SUR WOLF !
LES COTES SONT DE 7 POUR JOE CONTRE 3 POUR WOLF.
LES PARIS SONT OUVERTS !
LE PROCHAIN DUEL AURA LIEU DANS UNE HEURE.
CE SERA L'AFFRONTEMENT ENTRE LE CÉLÈBRE LITTLE JOE ET LE NON MOINS FAMEUX SPRING WOLF !

5000 SUR JOE POUR MOI !
Available All Day
A LA CARTE
Lunch from
Dinner from
2000 SUR WOLF !

J'IMAGINE QUE ÇA S'ARRÊTERA QUAND TOUS LES DUELLISTES SE SERONT ENTRE-TUÉS ET QU'IL N'EN RESTERA PLUS QU'UN.
CE MONDE COURT À SA PERTE : MÊME LES PARIS SUR LA VIE OU LA MORT SE FONT AU VU ET AU SU DE TOUT LE MONDE.
HOSTEL
RIDICULE. SI ÇA LE MET DANS CET ÉTAT, POURQUOI PARTICIPER À CES DUELS ?
C'EST COMME ÇA : PAR LES TEMPS QUI COURENT, UN DUELLISTE NE PEUT ESPÉRER SE REMPLIR LA PANSE QU'EN METTANT SA VIE DANS LA BALANCE.
GLOU
MAIS IL Y A PLUS IMPORTANT : J'AI BESOIN DE GRAILLER.
ET CREVER DE FAIM, ÇA C'EST UN VRAI DANGER.
CE NECTAR FINIRA PAR ME TUER.
MAIS...
MOI AU MOINS, JE PEUX PROFITER DE LA VIE ET ME BOURRER LA GUEULE.
TAK

MAIS TU VOIS, GREG, TU VIENS DE ZIGOUILLER KARLOV, TON PLUS GRAND ADVERSAIRE.
PLUS PERSONNE NE PEUT ESPÉRER TE BATTRE.
COMMENT TU VAS FAIRE POUR GAGNER TA CROÛTE MAINTENANT ?
PFF, NE T'EN FAIS PAS POUR ÇA !
CELUI QUI ME BATTRA TOUCHERA LE SUPER JACKPOT.
L'APPÂT DU GAIN ! VOILÀ CE QUI FERA TOUJOURS VENIR DES DUELLISTES CERTAINS DE LEURS CAPACITÉS ET AVIDES D'ARGENT.
MAIS JE N'AI AUCUNE INTENTION DE ME LAISSER BATTRE.
...
ET PUIS, SI JE CREVAIS, VOUS AUSSI VOUS SERIEZ DANS LA MOUISE.
C'EST QUE VOUS VOUS EN FAITES, DU POGNON SUR MON DOS.
HA
HA
HA
HA
HA
CE N'EST PAS MOI QUI VAIS TE CONTREDIRE ! ALORS MEURS PAS !
OH, C'EST-Y PAS KYLE ?
ALORS, C'ÉTAIT COMMENT, À FADEN ?
PIRE QUE CE VOUS POUVEZ IMAGINER.
QUAND JE SUIS ARRIVÉ, LA PLUPART DES CADAVRES AVAIENT ÉTÉ ENLEVÉS.
MAIS IL RESTAIT ENCORE LES TRACES DE SANG, ET JE PEUX VOUS DIRE QU'ON AURAIT CRU UN VRAI CHAMP DE BATAILLE.
ALORS LA RUMEUR DISAIT VRAI...

FADEN AURAIT CHERCHÉ NOISE À CRIMSON.
ET DONC, LE VILLAGE A ÉTÉ RASÉ. LOGIQUE.
OUI, ILS ONT RÉUSSI À FAIRE SORTIR LES CRIMSON EXECUTERS DE LEUR TANIÈRE.
LES CRIMSON EXECUTERS ? DRÔLE DE SURNOM.
ME DIS PAS QUE TU N'AS JAMAIS ENTENDU PARLER D'EUX ?
C'EST CE PIONNIER QUI A FAIT FORTUNE, PHILIP CRIMSON, QUI S'EST CONSTITUÉ SON ARMÉE PERSONNELLE.
IL A RASSEMBLÉ LES GÂCHETTES LES PLUS ILLUSTRES, CELLES QUI SE SONT FAIT UN NOM EN SE BATTANT SUR LA FRONTIÈRE.

SI ON EN CROIT LA RUMEUR, MÊME SI ELLE LE VOULAIT, L'ARMÉE RÉGULIÈRE AURAIT PEU DE CHANCES DE LES BATTRE.
ALORS TU PARLES, RASER UN OU DEUX PAUVRES VILLAGES, C'EST DU GÂTEAU POUR EUX.
BEN MOI, J'AIMERAIS BIEN VOIR À QUOI ILS RESSEMBLENT AU MOINS UNE FOIS, S'ILS SONT AUSSI FABULEUX QUE ÇA !
MAIS JE PRÉFÈRERAIS NE JAMAIS AVOIR AFFAIRE À EUX.
AU FAIT, J'AI ENTENDU QUE T'AVAIS DÉZINGUÉ KARLOV MALGRÉ SON THUNDER SHOT, GREG ?
TOUT À FAIT.
BEN MERDE ! J'AI RATÉ UNE BELLE OPPORTUNITÉ DE ME FAIRE DE L'ARGENT !
ET EN PLUS, JE ME SUIS DÉPLACÉ POUR RIEN, FADEN AVAIT DÉJÀ ÉTÉ PILLÉ AVANT QUE J'ARRIVE.
JE ME SUIS COMPLÈTEMENT FAIT AVOIR.
QUOI, TU VAS PAS ME DIRE QUE T'ES DEVENU UN CHAROGNARD, KYLE ?
T'ES TOMBÉ BIEN BAS... TU SAIS BIEN QUE TU NE PEUX PAS COURIR DEUX LIÈVRES À LA FOIS.
はは HA HA
TU PEUX PARLER, TOI ! TOUT CE QUE TU FAIS, C'EST PARIER SUR GREG !
ENFIN BREF, COMME JE NE VOULAIS PAS M'ÊTRE DÉPLACÉ POUR RIEN...
J'AI RAMENÉ UN PETIT QUELQUE CHOSE.

JE ME SUIS DIT QUE CE SERAIT TOUJOURS MIEUX POUR ELLE DE LA RAMENER ICI.
J'ALLAIS PAS NON PLUS LA LAISSER SEULE DANS CETTE MARE DE SANG.
VOICI CE QUI SEMBLE ÊTRE L'UNIQUE SURVIVANT DU VILLAGE.
OH, NOTRE PILLEUR S'EST TRANSFORMÉ EN ESCLAVAGISTE MAINTENANT !
TU NE VEUX PAS LA PEAU DE CETTE FILLE ?
EN TOUT BIEN TOUT HONNEUR.
QU'EST-CE QUE T'EN DIS, GREG ? TU AS DÛ TOUCHER UN PAQUET SUR TON DERNIER COUP, LÀ.
PARDON, GREG ?!
OK, KYLE. TU EN VEUX COMBIEN ?
T'AS VRAIMENT LE CHIC POUR FORCER LES GENS.
GREG A BEAU ÊTRE UN BRAVE TYPE, TU VAS FINIR PAR LE LASSER.
KYLE, VA TE FAIRE METTRE.

...
QUEL EST TON PRÉNOM, MADEMOI-SELLE ?
NE T'EN FAIS PAS, JE NE VAIS PAS TE FORCER À ME RÉPONDRE.
JE SAIS, TU AS DÛ EN VOIR DES VERTES ET DES PAS MÛRES.
JE VAIS T'EMMENER DANS UN ENDROIT OÙ TU N'AURAS PLUS RIEN À CRAINDRE.
SACHE QUE TU N'AS PLUS DE SOUCIS À TE FAIRE.
C'EST POUR ÇA QU'IL NE PEUT PAS LAISSER UN GAMIN ABANDONNÉ SANS RIEN FAIRE.
GREG ÉTAIT ORPHELIN.
EH BEN, T'AS VU ÇA ?
...

ET TOI, T'ES UNE VRAIE RACLURE, KYLE !
PAS DE DOUTE, C'EST VRAIMENT UN CHIC TYPE. ON PEUT TOUJOURS COMPTER SUR LUI.
ET JE ME FAIS UN PETIT PÉCULE EN SERVANT D'INTER-MÉDIAIRE ET EN LUI RAMENANT DES ORPHELINS.
JE SUIS CERTAIN QUE TU SAVAIS MÊME PAS QUE LA PLUPART DE SES GAINS, IL LES REVERSE À UNE PAROISSE QUI RECUEILLE DES ENFANTS.
MOI JE SAIS TOUT ÇA PARCE QUE JE SUIS SON VRAI POTEAU.
FLAP FLAP
VAS-Y, CRACHE TON VENIN.
JE M'EN FICHE, LE MONDE EST CE QU'IL EST, ET JE FERAIS CE QUE JE VEUX POUR...
AÏE AÏE AÏE...
TU TE CROIS OÙ, TOI ?!
EH BIEN VOILÀ ! DIEU TE PUNIT !
BLAM
BLAM

TU SONGEAIS À QUOI, EN PARIANT SANS AVOIR DE QUOI PAYER ?!
ET EN PLUS, TU AS LE CULOT DE ME L'ANNONCER TOI-MÊME !
C'EST QUE... J'AI HONTE DE L'AVOUER, MAIS J'AI FAIM À EN CREVER.
J'ESPÉRAIS GAGNER DE QUOI ME SUSTENTER...
D'ACCORD, JE VOIS LE GENRE.
DORÉNAVANT, VA FALLOIR TE FAIRE À L'IDÉE QUE TU DOIS POUVOIR COUVRIR TES PERTES, MON GARS.
T'ES UNE VRAIE LOQUE EN PLUS !
ON VA ESSAYER DE SE TROUVER UN ARRANGEMENT POUR COMBLER TOUT CE QUE TU DOIS.
LA PREUVE DE CE QUE JE DISAIS ! CE MONDE EST TELLEMENT MAL BARRÉ, VOILÀ LE GENRE DE GUS QUE ÇA AMÈNE.
MOI AU MOINS, JE SUIS PAS ENCORE TOMBÉ AUSSI BAS.
PUTAIN, T'AS ABSOLUMENT RIEN DE VALEUR !
AH, ATTENDEZ !
TCHING

DONG
EH BEN DIS-MOI ! EN VOILÀ UN JOLI REVOLVER !
TU VAS POUVOIR PARTICIPER AUX DUELS. OU ALORS, ON LE REVEND !
N... NON, VOUS VOUS MÉPRENEZ...

POUR SÛR, JE CONNAIS PAS BEAUCOUP DE TYPES QUI SE SERVENT DE LEUR REVOLVER EN LE CONSERVANT DANS UN SAC.
JE NE SUIS ABSOLUMENT PAS UN DUELLISTE.
IL NE SERT PAS À TIRER SUR DES GENS.
C'EST UNE RELIQUE SACRÉE.
CE REVOLVER...
PAS VRAI, GREG ?
DIS DONC, TU VIS DANS QUEL MONDE AU JUSTE ?!
GLURB
MAIS EN ATTENDANT, POURRIEZ-VOUS ME DONNER UN PETIT QUELQUE CHOSE À MANGER ?
JE PEUX RIEN FAIRE DANS CET ÉTAT !
JE VOUS PROMETS DE RÉGLER MA DETTE.
GREG ?!
T'ES VRAIMENT BIEN TROP GÉNÉREUX !
MAIS EN ÉCHANGE, TU VEUX BIEN ME MONTRER CE REVOLVER DE PLUS PRÈS ?
IL Y A UN SOUCI ? JE LUI OFFRE LE REPAS.
SI TU NE VEUX PAS GAGNER TA CROÛTE EN TIRANT, ALORS JE VAIS TE FAIRE PAYER AUTREM...
TU CROIS QUE JE VAIS TE FAIRE CONFIANCE ?!
PAF

TES MAINS... ELLES SONT IMPRÉGNÉES DE SANG.
COMBIEN DE VIES AS-TU VOLÉES JUSQU'À PRÉSENT ?
TU N'ES PAS DIGNE DE LE TOUCHER.
JE ME VOIS FORCÉ DE REFUSER.
EH BEN DIS DONC...
DÉSOLÉ, GREG, MAIS JE CROIS QUE CE MEC VEUT REMPLACER LE PUNCHING-BALL DE L'ARRIÈRE-SALLE !
GLOUPS
NON MAIS T'ES PAS BIEN ?! GREG ESSAYE D'ÊTRE GENTIL ET VOILÀ CE QUE TU EN FAIS ?!
TES MAINS SONT IMPREGNEES DE SANG
...
ON PEUT PAS DIRE QUE CE TYPE SOIT TRÈS DOUÉ.
IL VA CREVER COMME UN CHIEN.

VOUS... VOUS AVEZ VU CE TYPE ?
JE L'AI JAMAIS VU DANS LE COIN.
IL VEUT PARTICIPER AUX DUELS ?
NON... ENFIN, J'EN SAIS RIEN...
EN TOUT CAS...

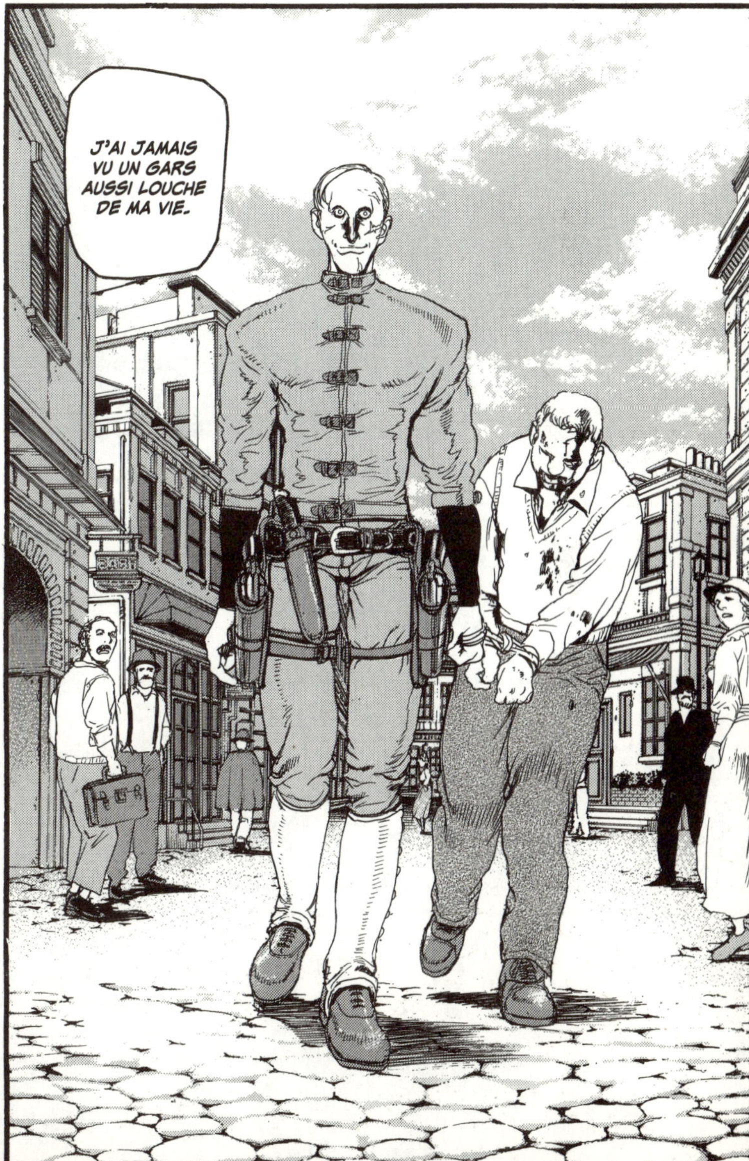
J'AI JAMAIS VU UN GARS AUSSI LOUCHE DE MA VIE.

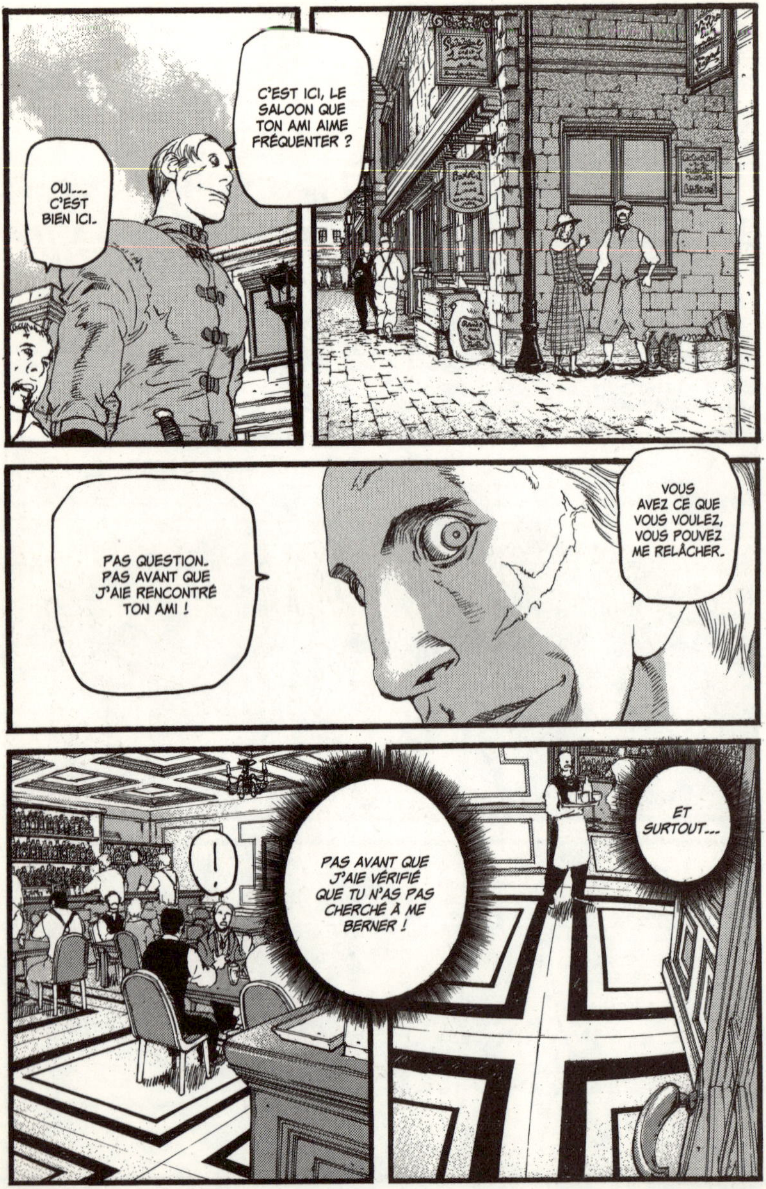
C'EST ICI, LE SALOON QUE TON AMI AIME FRÉQUENTER ?
OUI... C'EST BIEN ICI.
VOUS AVEZ CE QUE VOUS VOULEZ, VOUS POUVEZ ME RELÂCHER.
PAS QUESTION. PAS AVANT QUE J'AIE RENCONTRÉ TON AMI !
!
ET SURTOUT...
PAS AVANT QUE J'AIE VÉRIFIÉ QUE TU N'AS PAS CHERCHÉ À ME BERNER !

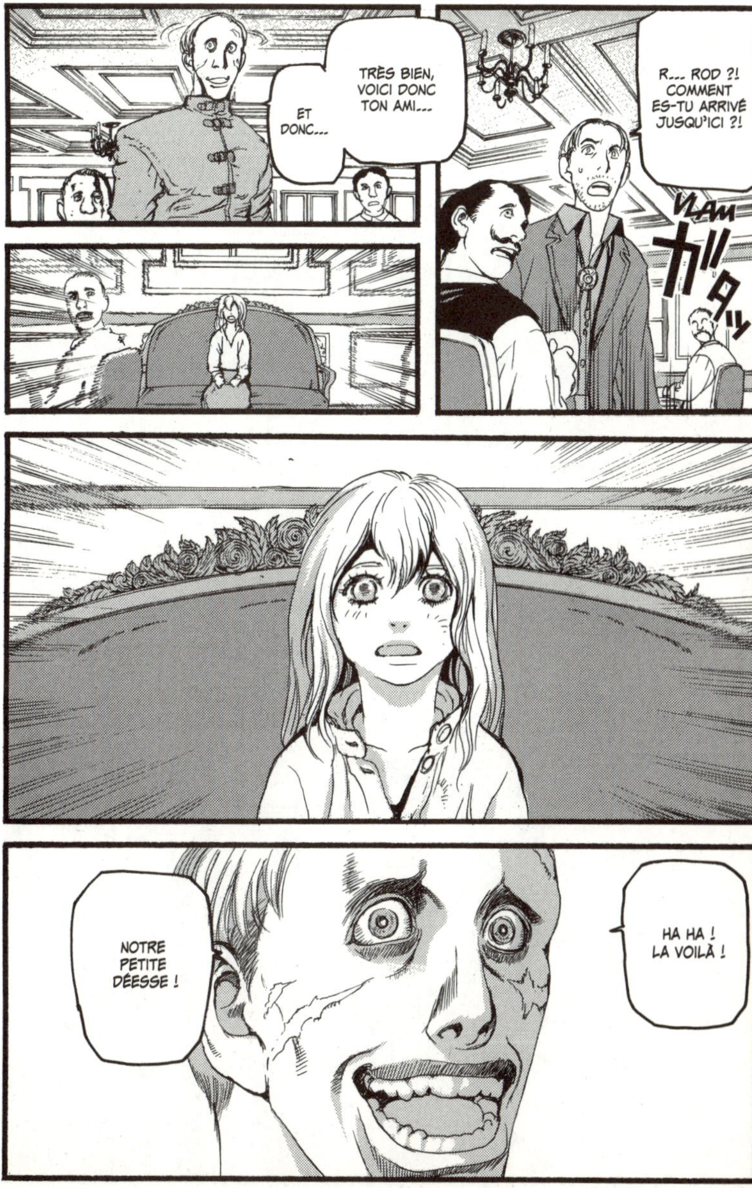
R... ROD ?! COMMENT ES-TU ARRIVÉ JUSQU'ICI ?!
VLAM
ガタッ
TRÈS BIEN, VOICI DONC TON AMI...
ET DONC...
HA HA ! LA VOILÀ !
NOTRE PETITE DÉESSE !

HÉ, ROD ! QU'EST-CE QUI T'EST ARRIVÉ ?
C'EST CE TYPE QUI...
QU'IL PLEUVE, QU'IL VENTE, ON N'A JAMAIS ABANDONNÉ...
ON T'A CHERCHÉ DÉSESPÉRÉMENT, TU SAIS, NICOLA.
RETOURNE AUPRÈS DE CRIMSON, NOTRE PÈRE...
ALLEZ, VIENS AVEC MOI...
ON A MÊME DÛ RASER CE VILLAGE DE FADEN...

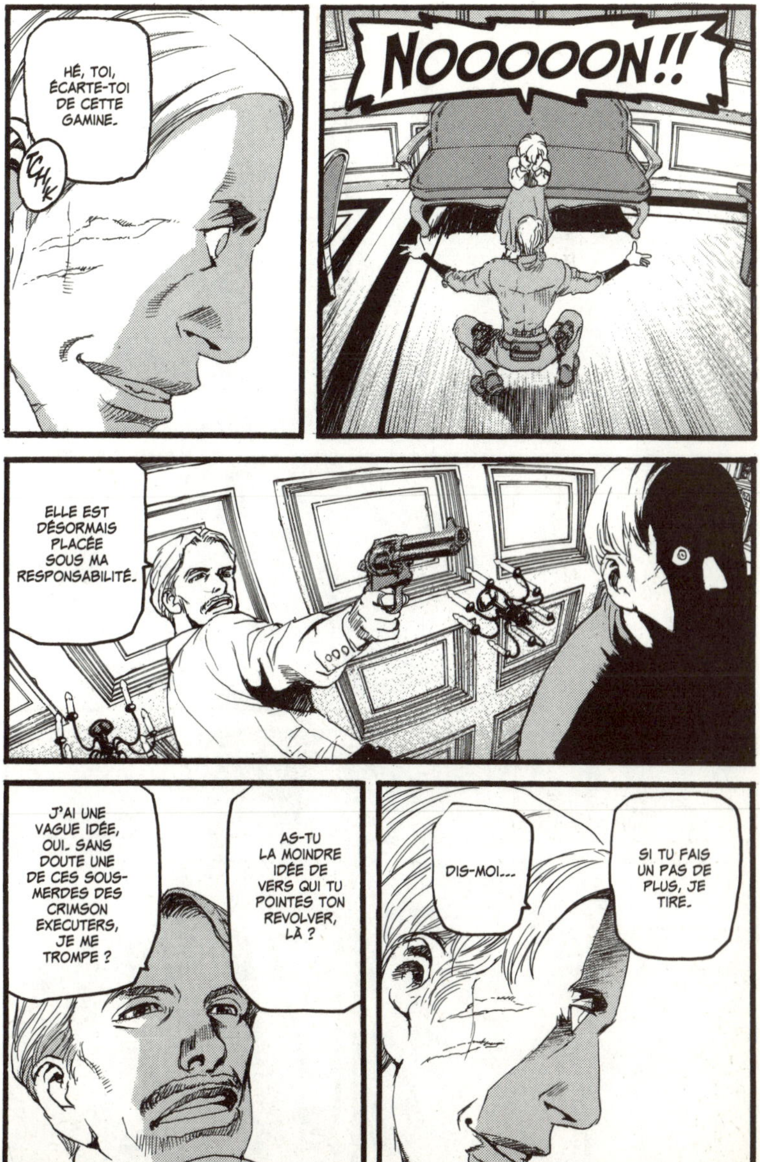
HÉ, TOI, ÉCARTE-TOI DE CETTE GAMINE.
TCHAK
NOOOOON !!
ELLE EST DÉSORMAIS PLACÉE SOUS MA RESPONSABILITÉ.
AS-TU LA MOINDRE IDÉE DE VERS QUI TU POINTES TON REVOLVER, LÀ ?
J'AI UNE VAGUE IDÉE, OUI. SANS DOUTE UNE DE CES SOUS-MERDES DES CRIMSON EXECUTERS, JE ME TROMPE ?
DIS-MOI...
SI TU FAIS UN PAS DE PLUS, JE TIRE.

J'AI ENTENDU PARLER DE VOTRE PALMARÈS DU GLAUQUE.
DE CE QUE JE COMPRENDS, DEPUIS QUE VOUS AVEZ MIS LE PIED DANS LA RÉGION, VOUS BUTEZ QUICONQUE SE DRESSE SUR VOTRE ROUTE.
COMME VOUS LE FAISIEZ SUR LA FRONTIÈRE...
!!
FWIIT
TCHAK
WOW !
QUELLE VITESSE !
GREG !!
PFF, BRANDIR UN REVOLVER À UNE DISTANCE AUSSI RÉDUITE, C'EST JOUER AVEC LE FEU !

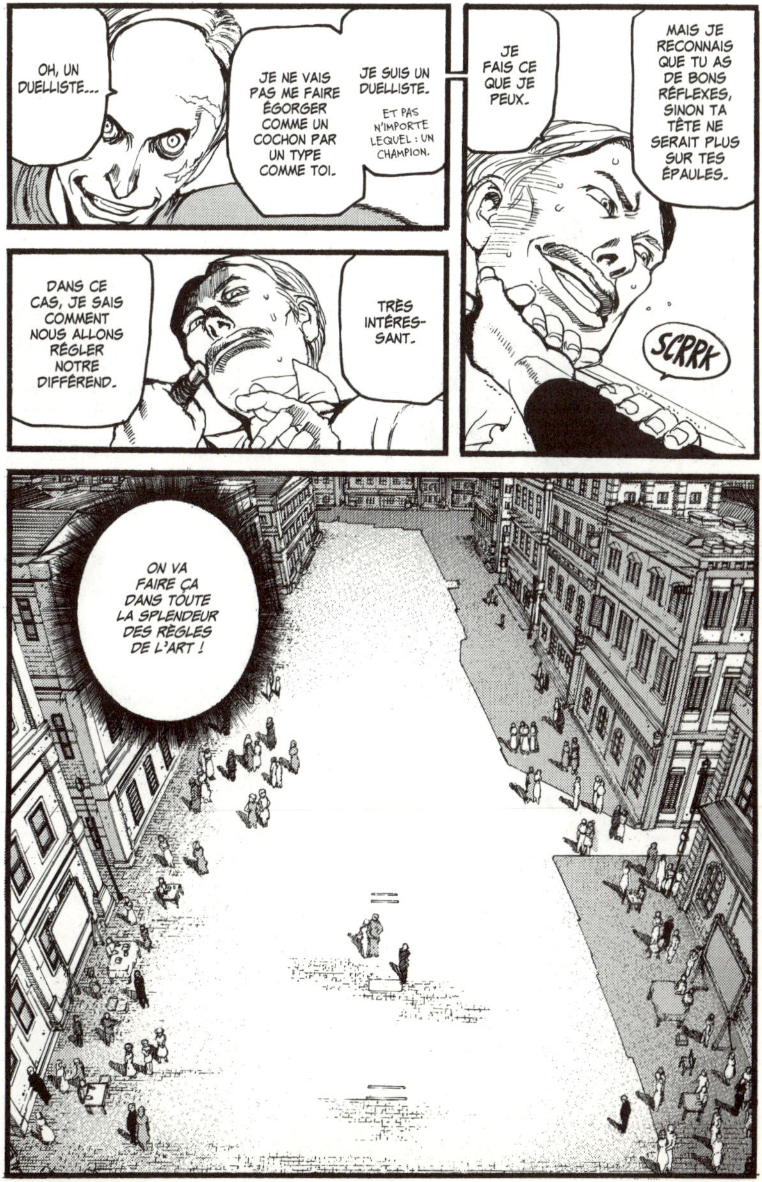
OH, UN DUELLISTE...
JE NE VAIS PAS ME FAIRE ÉGORGER COMME UN COCHON PAR UN TYPE COMME TOI.
JE SUIS UN DUELLISTE.
ET PAS N'IMPORTE LEQUEL : UN CHAMPION.
JE FAIS CE QUE JE PEUX.
MAIS JE RECONNAIS QUE TU AS DE BONS RÉFLEXES, SINON TA TÊTE NE SERAIT PLUS SUR TES ÉPAULES.
SCRRK
DANS CE CAS, JE SAIS COMMENT NOUS ALLONS RÉGLER NOTRE DIFFÉREND.
TRÈS INTÉRESSANT.
ON VA FAIRE ÇA DANS TOUTE LA SPLENDEUR DES RÈGLES DE L'ART !

GRANDE NOUVELLE : UN DUEL SPÉCIAL VA AVOIR LIEU !
UN CHALLENGER D'EXCEPTION A DÉFIÉ NOTRE CHAMPION, GREG RIVER !
CE N'EST NUL AUTRE QU'UN MEMBRE DES CRIMSON EXECUTERS !
SON NOM EST HANS GILES !
GREG A ACCEPTÉ CE DUEL !
VOICI LES COTES !
ÇA VA FAIRE TON DEUXIÈME DUEL EN UNE SEULE JOURNÉE, GREG... TU VAS TENIR ?
DE CE QUE J'AI VU TOUT À L'HEURE, IL EST EN PLEINE FORME.
QUI PLUS EST, IL EST EN CONFIANCE.
NE VOUS EN FAITES PAS.
J'AI CLAIREMENT L'AVANTAGE.
JE SUIS UN DUELLISTE-NÉ.
JE NE VAIS PAS ME FAIRE BATTRE SUR MON PROPRE TERRAIN PAR UN VULGAIRE MERCENAIRE !
...

METTEZ-VOUS EN POSITION !
WHAAAAAA
JE NE PEUX PAS PERDRE !
VAS-Y, GREG !
TU VAS EN FAIRE QU'UNE BOUCHÉE, DE CE CRIMSON EXECUTER !
CE QUI COMPTE DANS UN DUEL, C'EST L'EXPÉRIENCE.
L'EXPÉRIENCE ACCUMULÉE...
DE CES INSTANTS ENTRE LA VIE ET LA MORT...

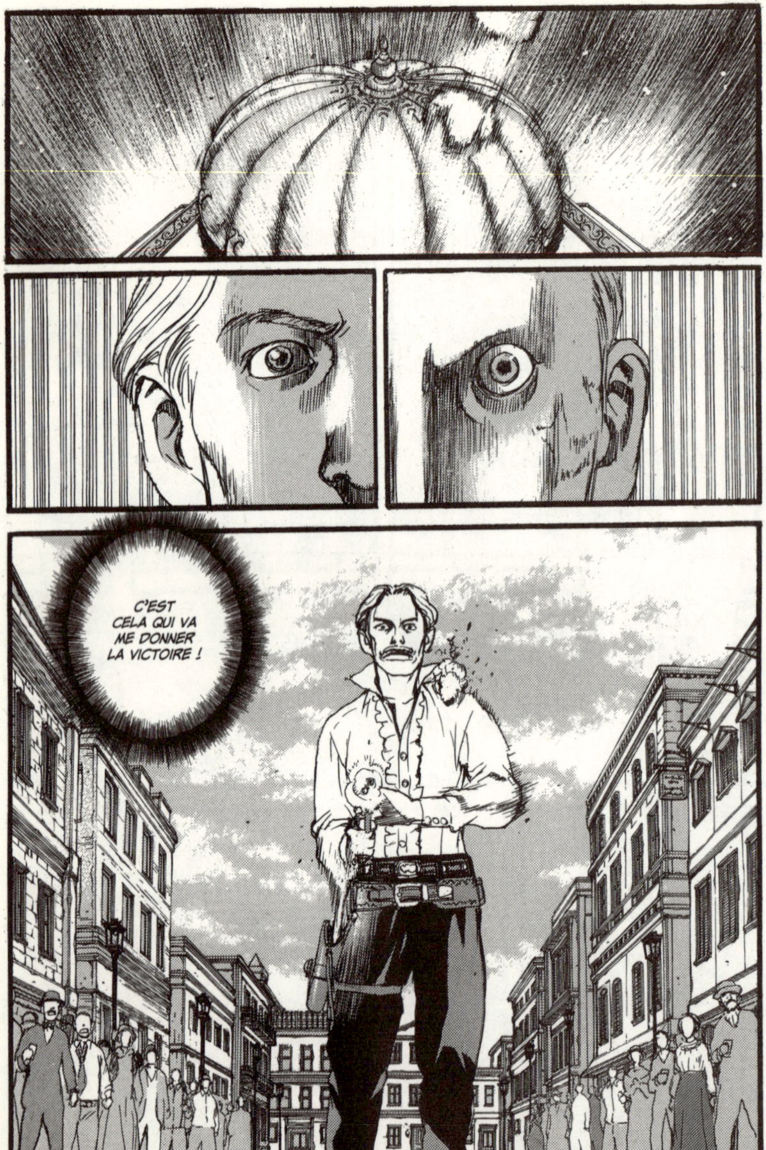
C'EST
CELA QUI VA
ME DONNER
LA VICTOIRE !

ILS ONT TIRÉ AU MÊME MOMENT !!
MAIS LA BALLE DE GREG A VISÉ LE CŒUR, ELLE !
おおお
WHAAA
GREG A GAGNÉ !

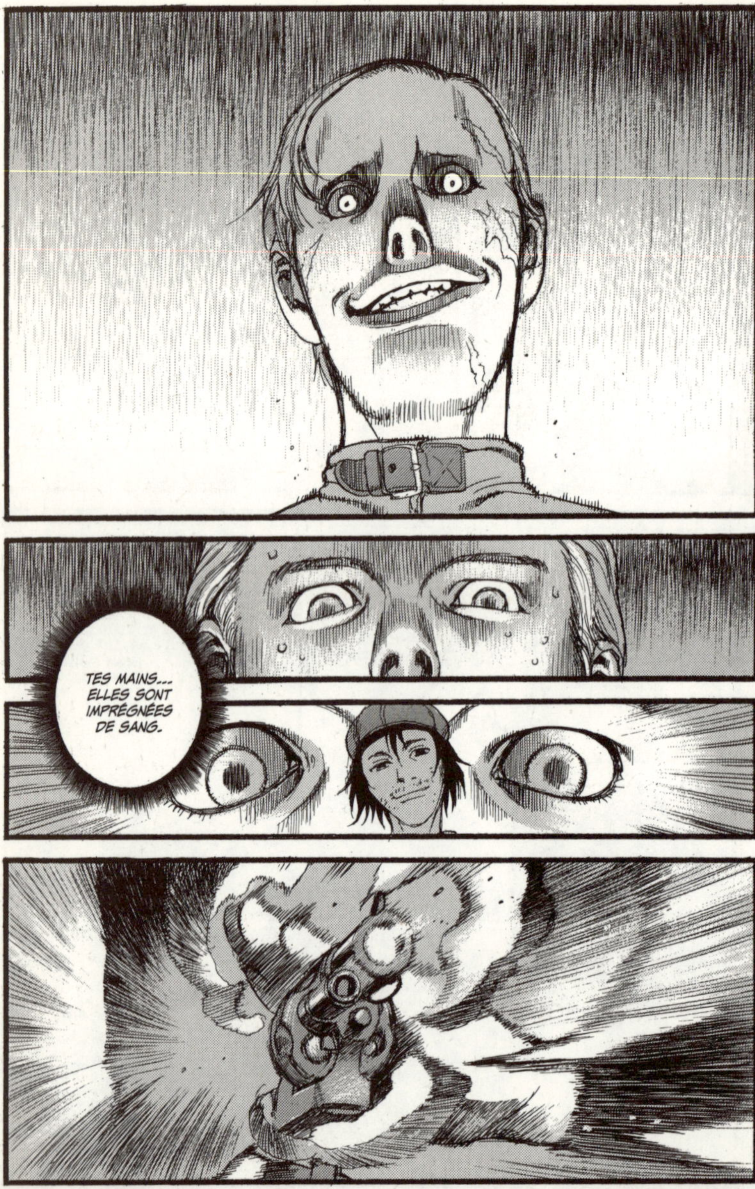
TES MAINS... ELLES SONT IMPRÉGNÉES DE SANG.

EH OUI, COMME TU L'AVAIS DIT...
JE NE SUIS QU'UN MERCENAIRE...
JE PORTE UN DE CES VÊTEMENTS PARE-BALLES QUI ONT ÉTÉ INVENTÉS RÉCEMMENT !
ET À LA GUERRE, TOUS LES MOYENS SONT BONS POUR SURVIVRE.

VOUS AUTRES, EXPERTS DES DUELS, VOUS DEVEZ VOUS TENIR AU COURANT DE CE GENRE DE CHOSES. PAS DE SOUCI, DONC.
OÙ SE TROUVE MA RÉCOMPENSE ?
NOUS ALLONS JUGER DE LA VALIDITÉ DE CE DUEL.
CLAC
JUGER ? C'EST TOUT VU, OUI !
EUH... UN INSTANT, S'IL VOUS PLAÎT !
IL A TRICHÉ !
ARRÊTEZ CE BANDIT !
WOAH !
BOM
SI VOUS NE VOULEZ PAS ME PAYER, SOIT.
APRÈS TOUT, CE N'ÉTAIT PAS POUR ÇA, MAIS POUR RAMENER NICOLA QUE JE SUIS VENU ICI.
MAIS NE ME TRAITEZ SURTOUT PAS DE BANDIT !
ALLONS-Y, NICOLA.
TU AS CAUSÉ ASSEZ D'ENNUIS AVEC TES GAMINERIES.
SI TU PERSISTES À NE PAS ÉCOUTER CE QUE JE TE DIS, JE VAIS DEVOIR LEUR DONNER RAISON ET LEUR MONTRER MON VRAI CÔTÉ BANDIT.
TU SAIS PARFAITEMENT QUE SI JE LE VOULAIS, JE POURRAIS TUER TOUTES LES PERSONNES PRÉSENTES ICI.

OHÉ... VOUS L'AVEZ ENTENDU ? J'AIME PAS ÇA !
FAUT PAS OUBLIER QUE C'EST UN MEMBRE DES CRIMSON EXECUTERS !
OUI, VAUT MIEUX PARTIR AVANT DE NOUS RETROUVER EMPÊTRÉS DANS...
!
IL EST DÉJÀ TROP TARD POUR CELA.
TAP
PERSONNE NE VA MOURIR. CE TYPE A TELLEMENT PEUR POUR SA PEAU QU'IL PORTE UNE CARAPACE POUR SE PROTÉGER.
!
EN FAIT, IL NE SERAIT MÊME PAS CAPABLE DE ME BATTRE, MOI SEUL.
MÊME SI J'AI LA DALLE À EN CREVER !
ET QU'EN PLUS ON M'A TABASSÉ.
ÇA TE DIT PAS DE FAIRE UN PETIT "DUEL" AVEC MOI ?
OH...
ON DIRAIT BIEN QUE NOUS AVONS UN CANDIDAT QUI VEUT VOIR LA MORT EN FACE.
À UNE CONDITION.

SI JE GAGNE, VOUS ANNULEZ MA DETTE ET VOUS ME LAISSEZ BOUFFER JUSQU'À M'EN FAIRE ÉCLATER LA PANSE. J'AI VOTRE PAROLE ?
EUH... OUI, ENFIN, POURQUOI PAS MAIS...
CE MEC DÉGAINE À LA MÊME VITESSE QUE GREG...
ET IL TRICHE EN PORTANT UN TRUC QUI LE PROTÈGE DES BALLES !
JE VOIS PAS COMMENT UNE LOQUE COMME TOI POURRAIT ESPÉRER LE BATTRE !
À LA VÉRITÉ, JE N'AI AUCUN DÉSIR DE ME BATTRE. CECI ÉTANT DIT, JE N'AI PAS NON PLUS ENVIE DE MOURIR DE FAIM.
MAIS AU FAIT, TON REVOLVER NE TIRE JAMAIS SUR LES GENS, NON ?
C'EST UNE RELIQUE, C'EST ÇA ?
TOUT À FAIT. IL NE MARCHE PAS CONTRE LES GENS.
CE REVOLVER NE DIRIGE SA SENTENCE QUE CONTRE LES DÉMONS.
CES CRÉATURES CAPABLES DE VOLER LEUR VIE AUX GENS, SANS ÉPROUVER LE MOINDRE REMORDS...

LES DÉMONS QUI REVÊTENT APPARENCE HUMAINE.
METTEZ-VOUS EN POSITION !
MAIS SI LE CLOCHARD PERD, ON SERA OBLIGÉ DE RÉGLER SA RÉCOMPENSE AU CRIMSON EXECUTER, NON ?
EN EFFET, IL Y A UN VOLET SPÉCIAL DU RÈGLEMENT À CE SUJET.
ざわ
ざわ
BLA
SI SEULEMENT IL NE S'ÉTAIT PAS PRÉSENTÉ AVANT QUE NOUS AYONS DÉLIBÉRÉ DU RÉSULTAT...
MONSIEUR ET SES CAPRICES.
S'IL Y LAISSE SA PEAU, JE PISSERAI SUR SON CADAVRE !
ざわ
BLA
ざわ
BLA
JE PENSE QUE TU DOIS L'AVOIR COMPRIS, MAIS SI TU VEUX ME FAIRE MORDRE LA POUSSIÈRE, IL FAUDRA VISER LA TÊTE.
RIEN D'AUTRE NE ME TERRASSERA !!
ENFIN ÇA, C'EST SI TU ES CAPABLE DE DÉGAINER ET DE VISER MA TÊTE AVANT QUE JE NE TIRE.
WOW, MERCI DE TES CONSEILS. TU ES VRAIMENT TRÈS GENTIL.
MAIS JE NE SUIS PAS SÛR DE RÉUSSIR À VISER AUSSI PRÉCISÉMENT.
ALORS JE VAIS PAS ME PRENDRE LE CHOU ET JE VAIS FAIRE COMME L'AUTRE CHAMPION.

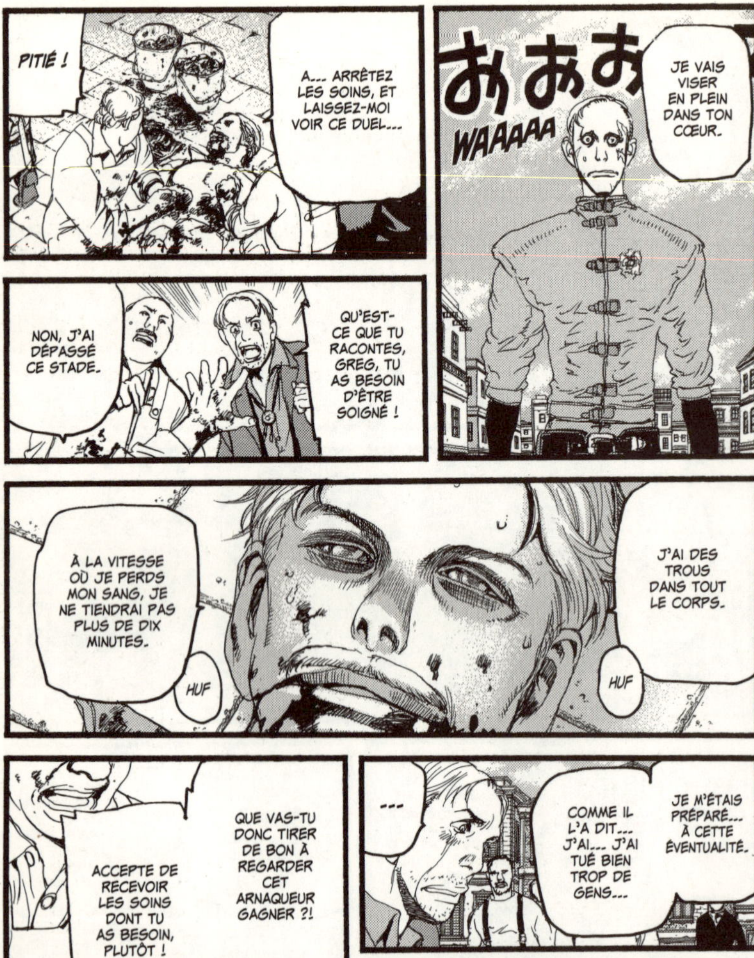

おぉお
WAAAAA
JE VAIS VISER EN PLEIN DANS TON CŒUR.
A... ARRÊTEZ LES SOINS, ET LAISSEZ-MOI VOIR CE DUEL...
PITIÉ !
QU'EST-CE QUE TU RACONTES, GREG, TU AS BESOIN D'ÊTRE SOIGNÉ !
NON, J'AI DÉPASSÉ CE STADE.
J'AI DES TROUS DANS TOUT LE CORPS.
HUF
À LA VITESSE OÙ JE PERDS MON SANG, JE NE TIENDRAI PAS PLUS DE DIX MINUTES.
HUF
JE M'ÉTAIS PRÉPARÉ... À CETTE ÉVENTUALITÉ.
COMME IL L'A DIT... J'AI... J'AI TUÉ BIEN TROP DE GENS...
...
QUE VAS-TU DONC TIRER DE BON À REGARDER CET ARNAQUEUR GAGNER ?!
ACCEPTE DE RECEVOIR LES SOINS DONT TU AS BESOIN, PLUTÔT !
...
MAIS JE SAIS QUE DIEU VEILLE SUR MOI.
CAR IL M'A ACCORDÉ UN SURSIS SUFFISANT POUR POUVOIR ASSISTER À CE DUEL.
URGH !
NE BOUGE PAS, IDIOT !

VOUS VOUS TROMPEZ...
S'IL EST CELUI QUE JE PENSE...
IL VA SÛREMENT SE PRODUIRE QUELQUE CHOSE !
MAIS D'OÙ SORT CE TYPE ?
IL NE SEMBLE PAS DÉSIREUX DE ME TUER, MAIS JE NE LE SENS PAS ANGOISSÉ DU TOUT.
IL SE TIENT SI MAL... JE POURRAIS L'ATTEINDRE OÙ JE VEUX.
EST-CE QUE C'EST JUSTE UN PAUMÉ QUI CHERCHE SON INSTANT DE GLOIRE ?
HUM... PEU IMPORTE APRÈS TOUT.
AVANT DE DEVENIR MERCENAIRE, J'ÉTAIS UN DUELLISTE.
ON ME CRAIGNAIT SOUS LE SURNOM DE HANS, LA MORT INCARNÉE.

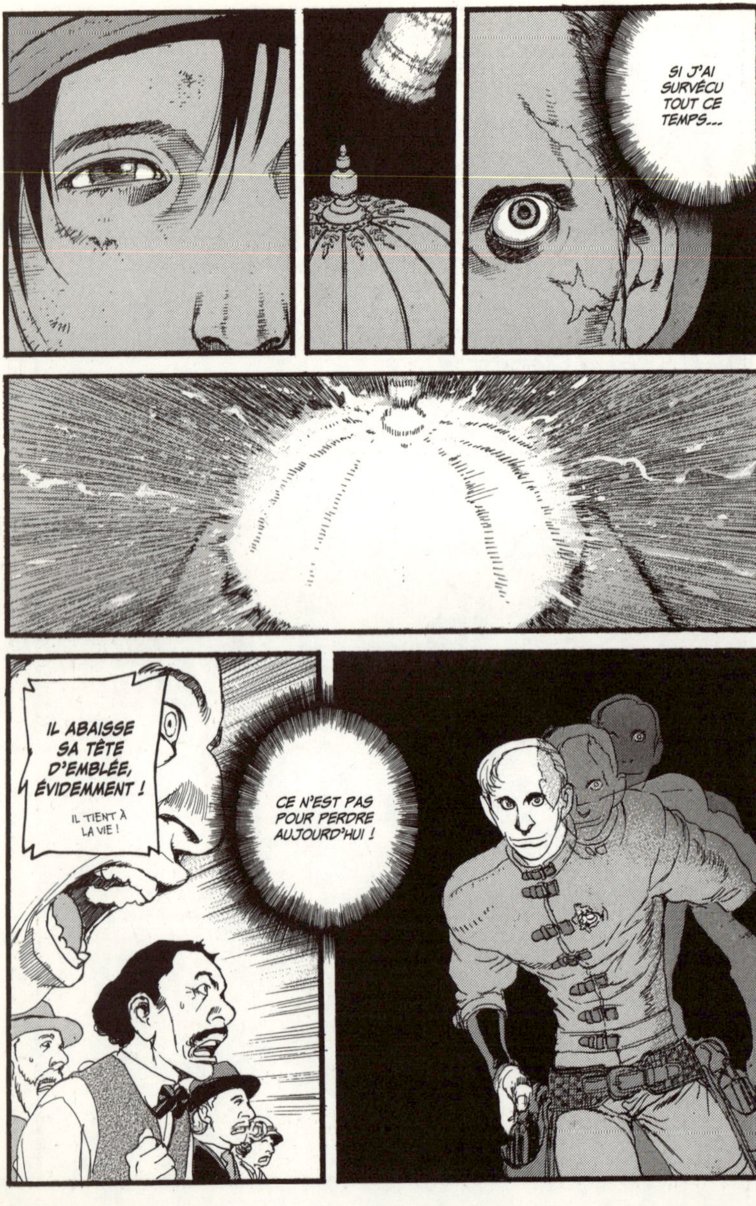
SI J'AI SURVÉCU TOUT CE TEMPS...
IL ABAISSE SA TÊTE D'EMBLÉE, ÉVIDEMMENT !
IL TIENT À LA VIE !
CE N'EST PAS POUR PERDRE AUJOURD'HUI !

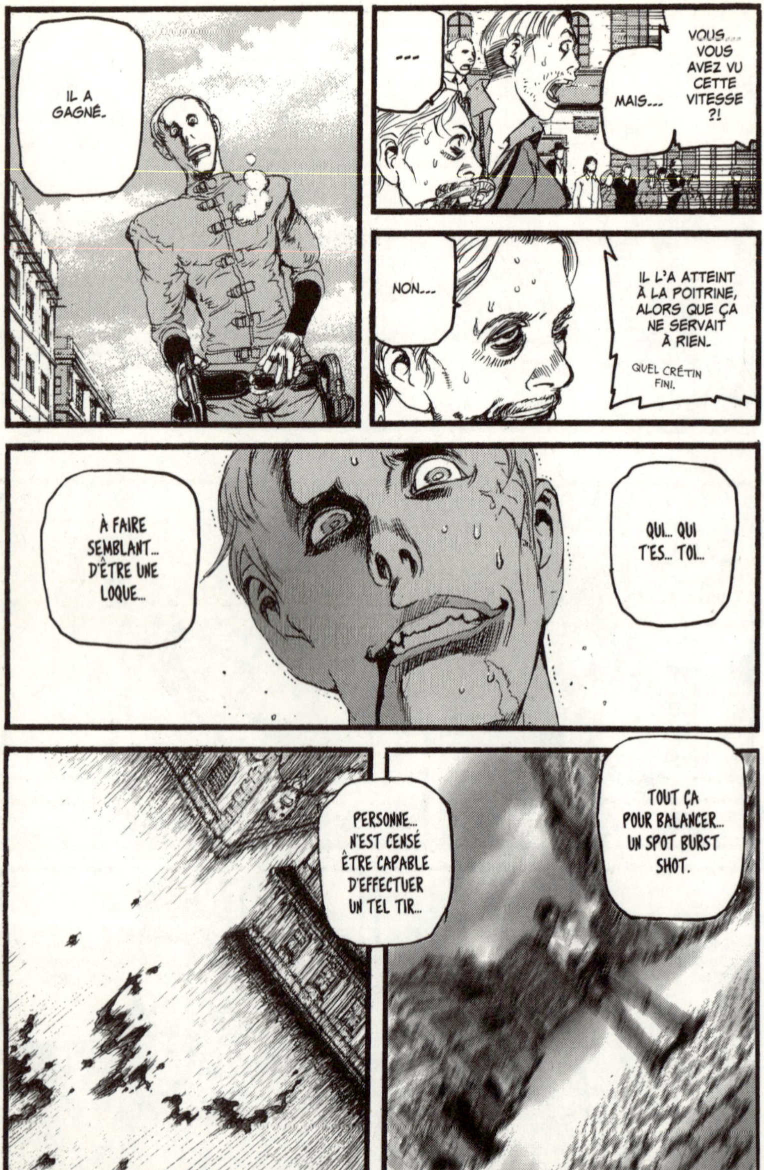
VOUS... VOUS AVEZ VU CETTE VITESSE ?!
MAIS...
...
IL A GAGNÉ.
IL L'A ATTEINT À LA POITRINE, ALORS QUE ÇA NE SERVAIT À RIEN.
QUEL CRÉTIN FINI.
NON...
QUI... QUI T'ES... TOI...
À FAIRE SEMBLANT... D'ÊTRE UNE LOQUE...
TOUT ÇA POUR BALANCER... UN SPOT BURST SHOT.
PERSONNE... N'EST CENSÉ ÊTRE CAPABLE D'EFFECTUER UN TEL TIR...

JE N'AVAIS CROISÉ QU'UN SEUL TIREUR QUI...
ET LA PROTECTION Y EST PERCÉE.
REGARDEZ, IL A VISÉ EXACTEMENT LE MÊME POINT QUE GREG.
OUI... ON NE SE DÉBARRASSE PAS COMME ÇA DE MOI...
OH, TU ES ENCORE EN VIE ?
NON, TU N'Y ES PAS DU TOUT...
IL A UTILISÉ UNE BALLE MODIFIÉE POUR...

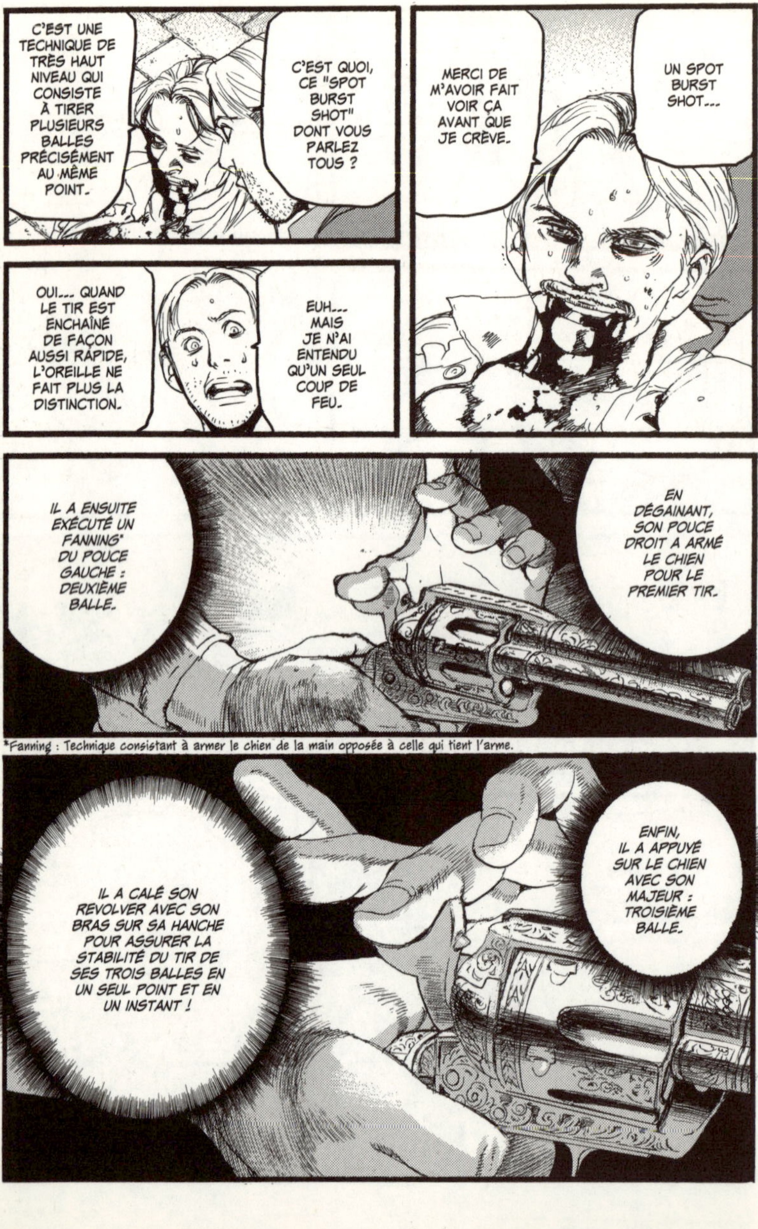
C'EST QUOI, CE "SPOT BURST SHOT" DONT VOUS PARLEZ TOUS ?
C'EST UNE TECHNIQUE DE TRÈS HAUT NIVEAU QUI CONSISTE À TIRER PLUSIEURS BALLES PRÉCISÉMENT AU MÊME POINT.
UN SPOT BURST SHOT...
MERCI DE M'AVOIR FAIT VOIR ÇA AVANT QUE JE CRÈVE.
EUH... MAIS JE N'AI ENTENDU QU'UN SEUL COUP DE FEU.
OUI... QUAND LE TIR EST ENCHAÎNÉ DE FAÇON AUSSI RAPIDE, L'OREILLE NE FAIT PLUS LA DISTINCTION.
EN DÉGAINANT, SON POUCE DROIT A ARMÉ LE CHIEN POUR LE PREMIER TIR.
IL A ENSUITE EXÉCUTÉ UN FANNING* DU POUCE GAUCHE : DEUXIÈME BALLE.
*Fanning : Technique consistant à armer le chien de la main opposée à celle qui tient l'arme.
ENFIN, IL A APPUYÉ SUR LE CHIEN AVEC SON MAJEUR : TROISIÈME BALLE.
IL A CALÉ SON REVOLVER AVEC SON BRAS SUR SA HANCHE POUR ASSURER LA STABILITÉ DU TIR DE SES TROIS BALLES EN UN SEUL POINT ET EN UN INSTANT !

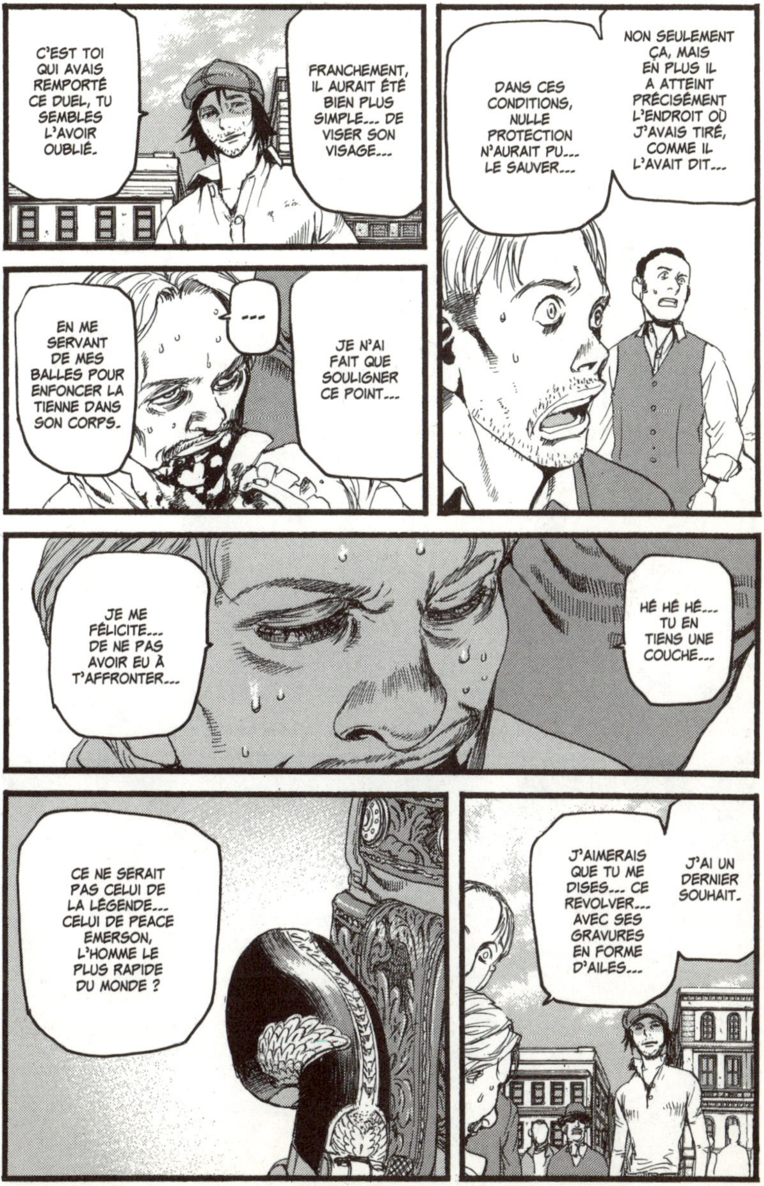
NON SEULEMENT ÇA, MAIS EN PLUS IL A ATTEINT PRÉCISÉMENT L'ENDROIT OÙ J'AVAIS TIRÉ, COMME IL L'AVAIT DIT...
DANS CES CONDITIONS, NULLE PROTECTION N'AURAIT PU... LE SAUVER...
FRANCHEMENT, IL AURAIT ÉTÉ BIEN PLUS SIMPLE... DE VISER SON VISAGE...
C'EST TOI QUI AVAIS REMPORTÉ CE DUEL, TU SEMBLES L'AVOIR OUBLIÉ.
...
JE N'AI FAIT QUE SOULIGNER CE POINT...
EN ME SERVANT DE MES BALLES POUR ENFONCER LA TIENNE DANS SON CORPS.
HÉ HÉ HÉ... TU EN TIENS UNE COUCHE...
JE ME FÉLICITE... DE NE PAS AVOIR EU À T'AFFRONTER...
J'AI UN DERNIER SOUHAIT.
J'AIMERAIS QUE TU ME DISES... CE REVOLVER... AVEC SES GRAVURES EN FORME D'AILES...
CE NE SERAIT PAS CELUI DE LA LÉGENDE... CELUI DE PEACE EMERSON, L'HOMME LE PLUS RAPIDE DU MONDE ?

QUE MON PÈRE A RACCROCHÉ SA VESTE.
OH, TU AS UNE TRÈS BONNE MÉMOIRE.
POURTANT CELA FAIT PLUS DE DIX ANS...
JE VAIS MÊME TE DIRE QUE MON NOM EST HOPE EMERSON.
C'ÉTAIT DONC ÇA...
CELUI... QUI M'AVAIT FAIT ENTRER DANS CET UNIVERS.

CELUI QUE J'ADMIRAIS... PLUS QUE TOUT...
MAIS CONTRAIREMENT À LUI, JE ME SUIS SALI LES MAINS EN LES NOYANT DANS LE SANG.
ET POURTANT, J'AI PU RENCONTRER SON FILS AVANT DE MOURIR...
SEIGNEUR...
JE TE REMERCIE DU FOND DU CŒUR.

JE ME REMPLIS LE BIDE À VOS FRAIS, VOUS ME REFILEZ LA MOITIÉ DE L'ARGENT DU COMBAT...
ET EN PLUS VOUS ME RACCOMPAGNEZ POUR ME DIRE AU REVOIR.
VOUS ÊTES BIEN URBAINS.
C'EST LA MOINDRE DES CHOSES, TU AS TUÉ CET ENFOIRÉ POUR GREG.
NOUS AURIONS VOULU TE DONNER TOUT L'ARGENT, MAIS CONFORMÉMENT AUX VOLONTÉS DE GREG, NOUS DEVONS REMETTRE LE RESTE À L'INSTITUTION QUI VA SE CHARGER DE CETTE GAMINE.
ÇA DEVRAIT QUAND MÊME TE SUFFIRE POUR SURVIVRE QUELQUE TEMPS.
D'AILLEURS, OÙ VAS-TU MAINTENANT ?
JE ME LE DEMANDAIS JUSTEMENT.
EN FAIT, JE RECHERCHE UNE PERSONNE.
TOUT CE QUE JE SAIS, C'EST QU'ELLE EST QUELQUE PART DANS LA RÉGION.
TU POURRAIS PAS ÊTRE UN PEU PLUS VAGUE ENCORE ?
MAIS PAR PITIÉ, ARRÊTE LES JEUX D'ARGENT.
J'AI RAREMENT VU QUELQU'UN D'AUSSI NUL.
T'ES LE PIGEON RÊVÉ, ON PEUT LIRE TON JEU SUR TON VISAGE.
EUH... MERCI DU CONSEIL...

ÇA TE DIT PAS QU'ON FASSE ÉQUIPE, PLUTÔT ?
DE NOS JOURS, IL Y A DES DUELS DANS TOUTES LES VILLES.
VU TES QUALITÉS DE TIREUR, TU N'AS AUCUN SOUCI À TE FAIRE POUR TA PITANCE QUOTIDIENNE !
SI EN PLUS TU ME CHOISIS COMME AGENT, TU VERRAS QUE TU TE RETROUVERAS MILLIONNAIRE AVANT D'AVOIR EU LE TEMPS DE DIRE "OUF" !
...
ET TU POURRAS CONTINUER TES RECHERCHES EN MÊME TEMPS.
ALORS ! PAS MAL COMME IDÉE, HEIN ?
JE T'AI DÉJÀ DIT QUE JE NE TIRAIS PAS SUR LES GENS, ET QUE J'ÉTAIS ENCORE MOINS UN DUELLISTE.
IL EST HORS DE QUESTION QUE JE SALISSE CETTE ARME...
AVEC DU SANG D'INNOCENTS, ALORS QU'ELLE EST PÉNÉTRÉE DE L'ÂME DE MON PÈRE.

AU FAIT KYLE, C'EST À TOI DE DÉCIDER.
QUE FAIT-ON DE LA FILLE ?
SNIF, MA POULE AUX ŒUFS D'OR...
APPAREMMENT, LES CRIMSON LA CHERCHENT.
SI ON RESPECTE LA VOLONTÉ DE GREG ET QU'ON L'ENVOIE À L'ORPHELINAT, CE SERA LE PROCHAIN ENDROIT À SE FAIRE RASER, J'EN SUIS SÛR.
DANS CE CAS, SI UN AUTRE CRIMSON EXECUTER SE POINTE, ON N'AURA QU'À GENTIMENT LA LUI REMETTRE.
JE SAIS, JE SAIS...
MAIS... TIENS ?
OÙ EST-ELLE PASSÉE, JUSTEMENT ?

TU FAIS QUOI, AU JUSTE ?
JE NE SUIS PAS GREG. JE N'AI PAS SES RESSOURCES.
CE QUE JE VEUX DIRE, C'EST QUE JE NE PEUX PAS PRENDRE SOIN DE TOI.
RETOURNE SUR TES PAS ET DEMANDE-LEUR DE T'ACCOMPAGNER JUSQU'À L'ORPHELINAT.
IL N'EN EST PAS QUESTION.
JE T'AI TANT CHERCHÉ.
PARDON ?!
SI TU ES VRAIMENT LE FILS DE PEACE EMERSON, LA LÉGENDE...
TU DEVRAIS POUVOIR RÉUSSIR.
TON DESTIN EST D'ÉLIMINER LE CLAN DES CRIMSON !
HEIN ?

COMMENT ? HANS A ÉTÉ ABATTU ?
OUI, EN POURSUIVANT NICOLA IL EST ARRIVÉ À SCHWARZ.
LES CIRCONSTANCES RESTENT FLOUES, MAIS IL AURAIT PERDU LORS D'UN DUEL LÀ-BAS.
HEIN ?! MAIS QU'EST-CE QU'IL FOUTAIT, AU JUSTE ?!
EST-CE UNE FAÇON DE MOURIR ?!
IL EST SURTOUT DIFFICILE D'IMAGINER QUE QUELQU'UN CAPABLE DE LE DÉFAIRE EN DUEL SE CACHAIT DANS UNE AUSSI PETITE VILLE...
LORSQUE L'ON SAIT QUE HANS SE COUVRAIT TOUT LE CORPS DE PROTECTIONS PARE-BALLES.
IL AURAIT ÉTÉ TOUCHÉ À LA TÊTE SUR UN COUP DE MALCHANCE ?
SI ON EN CROIT LES RÉCITS DES TÉMOINS DE L'INCIDENT, PAS DU TOUT.

QUELQU'UN AURAIT DONC EFFECTUÉ UN SPOT BURST SHOT.
IL SE SERAIT PRIS TROIS BALLES EN UN INSTANT AU MÊME ENDROIT, CE QUI AURAIT TRANSPERCÉ SON ARMURE.
IL Y A FORCÉMENT UN PROBLÈME.
C'EST IMPOSSIBLE, IL N'Y A QUE TOI, COLE, POUR SAVOIR FAIRE ÇA !
UN SPOT BURST SHOT ?
BON, QUE FAIT-ON, COLE ?
EN FAIT, JE CONNAIS MOI-MÊME UN CERTAIN NOMBRE DE GARS CAPABLES DE LA RÉALISER.
BLOP BLOP
HÉ, CETTE TECHNIQUE EST TRÈS SURFAITE À MON AVIS.
EN EFFET, JE NE VOIS NUL AUTRE QUE COLE CAPABLE DE RÉUSSIR UN TEL TIR.

NOUS AVONS PERDU L'UN DES NÔTRES.
NOUS SOMMES LES CRIMSON EXECUTERS. NOUS NE POUVONS PAS RESTER SANS RIEN FAIRE : NOUS DEVONS SAUVER LA FACE.
OUI, MAIS SI NOTRE ADVERSAIRE A ÉTÉ CAPABLE DE TUER HANS, C'EST QU'IL EST TRÈS DOUÉ ET TRÈS FORT.
JE ME LE DEMANDE... HANS S'ÉTAIT BIEN RAMOLLI, TERRIFIÉ QU'IL ÉTAIT PAR L'IDÉE DE SOUFFRIR OU DE MOURIR.
AVEC TOUTES SES PROTECTIONS, IL N'ÉTAIT PLUS AUSSI LIBRE DE SES MOUVEMENTS QU'AVANT.
QUELLE ERREUR DE S'ÊTRE ENGAGÉ DANS UN DUEL DANS CES CONDITIONS.
ENFIN, CE N'EST PAS LE PREMIER À AVOIR PERDU LA VIE EN PERDANT SES NERFS.
VLAN
JE VOUS LAISSE VOUS CHARGER DE CELUI QUI L'A TUÉ.
UN SPOT BURST SHOT... HUM...
C'EST TELLEMENT VIEILLE ÉCOLE...

ACTION 2 : Le Pacificateur

ME VOICI ENFIN DE RETOUR À NEO GENESIS.
CELA DOIT FAIRE PLUS DE DIX ANS...
JE VAIS POUVOIR MANGER CORRECTEMENT.
HEUREUSEMENT QUE JE NE SUIS PAS ARRIVÉ À LA NUIT TOMBÉE.
HMM... ELLE A L'INTENTION DE ME SUIVRE ENCORE COMBIEN DE TEMPS ?

WELCOME
THE NEVER
RESTAURANT
VOUS DÉSIREZ QUELQUE CHOSE D'AUTRE ?
OH, NON !
JE M'ATTENDAIS PAS À UN TEL FESTIN !
MAIS JE SUIS CREVÉ, J'AI BIEN MARCHÉ, ET J'AI LE PORTE-MONNAIE REMPLI. TOUT EST OK !
À L'ATTAQUE !
EXCUSEZ-MOI, MONSIEUR...
MAIS CETTE JEUNE FILLE VOUS ACCOMPAGNE-T-ELLE ?
JE CRAINS POUR L'IMAGE DE L'ÉTABLISSEMENT...
WOOOOUUH

TU NE M'ÉCOUTES PAS OU QUOI ?
JE SUIS TRÈS OCCUPÉ, JE DOIS RETROUVER QUELQU'UN, ET JE NE SUIS PAS UN CŒUR TENDRE COMME GREG.
NE COMPTE PAS SUR MOI POUR T'ENTRETENIR !
SLURP SLURP
HON HECHTIN CHEST HÉCHÀ CHÉHÉ.
NE PARLE PAS LA BOUCHE PLEINE, J'ENTRAVE RIEN À CE QUE TU DIS !
TON DESTIN EST DÉJÀ SCELLÉ.
ZWIP ZWIP
TU ES L'ÉLU QUI ÉLIMINERA LE CLAN CRIMSON.
ENFIN... SI TU ES VRAIMENT LE FILS DE PEACE EMERSON !
MÊME LA BOUCHE VIDE, JE PIGE RIEN À CE QUE TU DIS.

POURQUOI JE VOUDRAIS ME BAGARRER AVEC DES GENS QUE JE NE CONNAIS MÊME PAS ?
PFIOU...
TU AS BEAU PARLER, TU LES AS DÉJÀ PROVOQUÉS.
ZWOUF
TU AS TUÉ L'UN D'ENTRE EUX.
ILS NE VONT PLUS TE LÂCHER, TOI NON PLUS...
HI HI HI...
TU PLAISANTES ?!
DANS QUOI JE ME SUIS ENCORE EMPÊTRÉ, MOI...
MAIS TU ME DIS QUE, PARCE QUE JE SUIS LE FILS DE PEACE EMERSON, JE DOIS LES AFFRONTER.
J'AIMERAIS QUE TU M'EXPLIQUES LE LIEN.
...
JE... JE NE PEUX PAS.
SLURP
PARDON ?
SLURP

ET QUE FAIS-TU AVEC MES SPAGHETTIS DEPUIS TOUT À L'HEURE...
HÉ, MAIS TU AS TOUT BOUFFÉ ?!
SLURP SLURP
OH PITIÉ, JE VAIS PAS DEVOIR ME LA FARCIR TOUT LE TEMPS !
ET EN PLUS, ELLE ANNEXE MA COUCHE...
PUTAIN DE GAMINE.
OUH... HMM...
J'AI TROP MANGÉ...
JE SUIS LARGEMENT PAUMÉ...
POURQUOI LES CRIMSON EXECUTERS POURSUIVRAIENT-ILS UNE TELLE GAMINE ?

ET LA DERNIÈRE CHOSE QUE JE VEUX, C'EST CES CRIMSON EXECUTERS SUR MON DOS !
PEU IMPORTE, JE NE SUIS PAS UNE NOURRICE.
DÉSOLÉ, MAIS C'EST ICI QUE NOS CHEMINS SE SÉPARENT.
JE NE CONNAIS CETTE FILLE NI D'ÈVE, NI D'ADAM, ET POURTANT JE LUI AI FILÉ LA PLUS GROSSE PARTIE DE MON LIQUIDE.
J'AURAIS PEUT-ÊTRE DÛ EN GARDER UN PEU PLUS...
MAIS EN FAIT, JE SUIS VRAIMENT TROP GENTIL.
BONNE CHANCE POUR LA SUITE...
FLAP FLAP

IL FAUDRAIT PAS QUE JE ME RETROUVE SANS...
!
SCRII
EH BIEN, ON SE PORTE BIEN À CE QUE JE VOIS, MON GARÇON !
ÇA NE TE DIRAIT PAS DE DOUBLER CE PAQUET DE BILLETS D'ICI LA FIN DE LA NUIT ?
NOUS CONNAISSONS UN JEU TRÈS AMUSANT...
...
ÇA MARCHE !
POURQUOI JE ME FAISAIS DU SOUCI...
JE SUIS UN ADULTE, LES OPPORTUNITÉS NE MANQUENT PAS POUR ME REFAIRE.

JE... JE PEUX... ME REFAIRE...
EH BIEN ALORS, MON GARÇON, IL NE TE RESTE PLUS QU'UN SEUL BILLET ?
MAIS UN VRAI HOMME MISERAIT TOUT SUR CE BILLET...
HÉ HÉ HÉ, C'EST LA PREMIÈRE FOIS QUE JE TOMBE SUR UNE PROIE AUSSI FACILE !
QUEL BEAU PIGEON !
TU PEUX ESPÉRER RENVERSER LA SITUATION.
OH... OUI, C'EST VRAI...
D'ACCORD, C'EST PARTI, LE VENT VA TOURNER !
TAC

AH...
TU AVAIS POURTANT PROMIS, NON ?
DÉSOLÉ D'ÊTRE ARRIVÉ SI TARD, HOPE.
JE TE CONNAIS, TOI... KYLE ?
C'EST ÇA ?
J'AI UN TRUC À RÉGLER, LÀ.
VOUS POURRIEZ REPORTER LA FIN DE VOTRE PETITE PARTIE À PLUS TARD ?

MAIS QU'EST-CE QUE TU FICHES ?!
JE T'AI POURTANT BIEN DIT DE NE PLUS JAMAIS JOUER AUX JEUX D'ARGENT ! T'ES NUL À ÇA !
SI JE N'ÉTAIS PAS ARRIVÉ, TU SERAIS REPARTI EN SLIP !
DÉSOLÉ...
MAIS DÈS QU'IL S'AGIT DE PARIER, MON SANG SE MET À BOUILLIR...
AU FAIT, QUE FAIS-TU DANS CETTE VILLE, KYLE ?
J'AI DES AFFAIRES À Y RÉGLER.
ÇA, ET JE SUIS PARTI À TA SUITE.
JE N'ALLAIS PAS LAISSER MON PARTENAIRE TOUT SEUL.
HEIN ?
COMMENT ÇA, JE SUIS TON PARTENAIRE ?!
JE VEUX SIMPLEMENT DIRE QUE SANS QUELQU'UN COMME MOI, UN TYPE QUI NE COMPREND RIEN À LA VIE COMME TOI NE PEUT RIEN FAIRE.
REGARDE CE QUI T'ARRIVAIT TOUT À L'HEURE.
ET JE TROUVE VRAIMENT ÇA DÉSOLANT QUAND UN TRÉSOR EST LAISSÉ À L'ABANDON.
WAAAH

おおぉおぉおおお
WAAAAAH
NEOGENESIS DUEL
UN TRÉSOR COMME TON TIR...
NEOGENESIS DUEL
ET TA RAPIDITÉ !
おおおお
WAAAH

*Peacemaker en anglais.

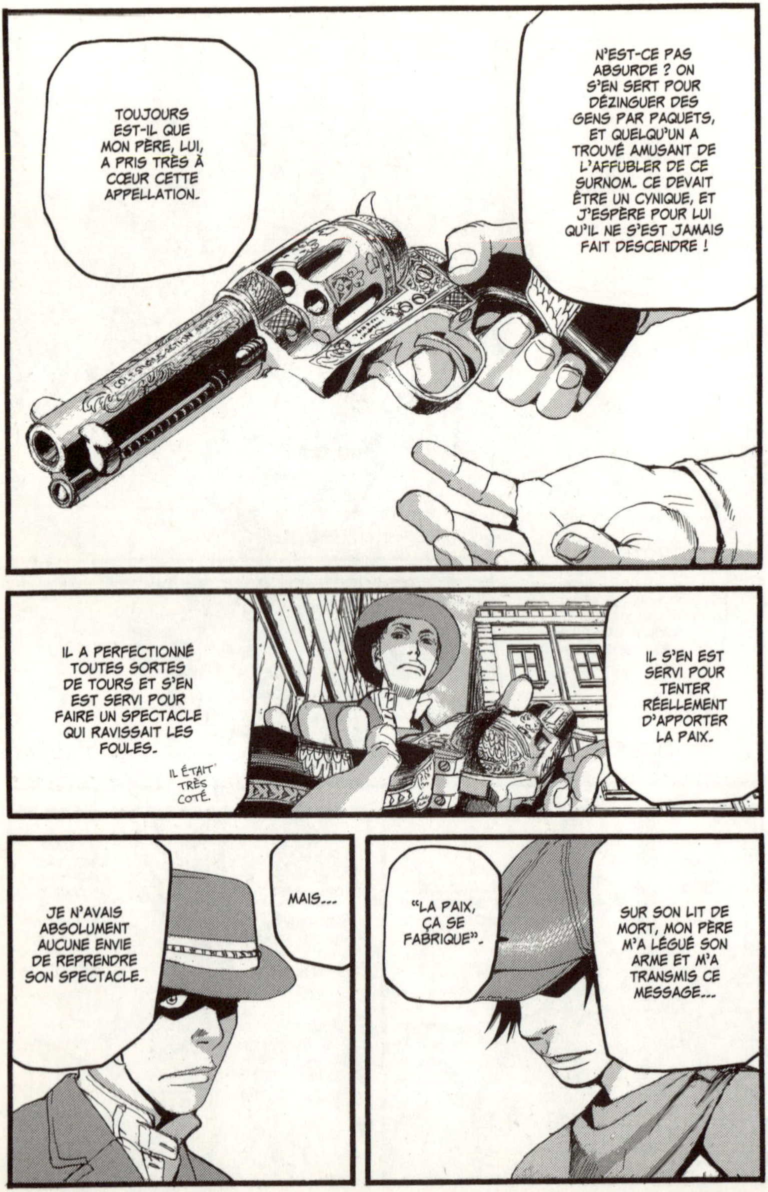
N'EST-CE PAS ABSURDE ? ON S'EN SERT POUR DÉZINGUER DES GENS PAR PAQUETS, ET QUELQU'UN A TROUVÉ AMUSANT DE L'AFFUBLER DE CE SURNOM. CE DEVAIT ÊTRE UN CYNIQUE, ET J'ESPÈRE POUR LUI QU'IL NE S'EST JAMAIS FAIT DESCENDRE !
TOUJOURS EST-IL QUE MON PÈRE, LUI, A PRIS TRÈS À CŒUR CETTE APPELLATION.
IL S'EN EST SERVI POUR TENTER RÉELLEMENT D'APPORTER LA PAIX.
IL A PERFECTIONNÉ TOUTES SORTES DE TOURS ET S'EN EST SERVI POUR FAIRE UN SPECTACLE QUI RAVISSAIT LES FOULES.
IL ÉTAIT TRÈS COTÉ.
SUR SON LIT DE MORT, MON PÈRE M'A LÉGUÉ SON ARME ET M'A TRANSMIS CE MESSAGE...
"LA PAIX, ÇA SE FABRIQUE".
MAIS...
JE N'AVAIS ABSOLUMENT AUCUNE ENVIE DE REPRENDRE SON SPECTACLE.

ALORS J'AI PRIS LA DÉCISION...
DE NE M'EN SERVIR QUE POUR TUER LES DÉMONS.
LES DÉMONS QUI, SOUS COUVERT D'APPARENCE HUMAINE, N'ONT AUCUN MAL À VOLER LA VIE DES PAUVRES GENS !
C'ÉTAIT QUOI, ÇA ? PENDANT UN INSTANT, ON AURAIT DIT QU'IL ÉTAIT CAPABLE DE ME TUER...
VOILÀ POURQUOI, MÊME SI CELA PARAÎT ABSURDE, JAMAIS DE MA VIE JE NE PARTICIPERAI À UN "DUEL".
EN PLUS, IL SEMBLE BIEN QUE LES CRIMSON EXECUTERS M'AIENT À L'ŒIL.
PAS QUESTION QUE J'ATTIRE ENCORE PLUS L'ATTENTION !
OH... HÉ ! ATTENDS !

OH, MAIS C'EST...
SI TU FAIS DU BRUIT, ELLE VA NOUS REPÉRER !
PAF
ÉCOUTE CE QUE...
!
RIEN À VOIR ! PLANQUE-TOI !
ÇA Y EST, TU AS REPRIS TES ESPRITS ?!
JE ME DEMANDAIS CE QU'ELLE ÉTAIT DEVENUE, ET LA VOILÀ !
C'EST LA PETITE NICOLA !
JE T'AI DIT DE NE PAS FAIRE DE BRUIT, PUTAIN !
MAIS TU ME FAIS MAL ! ARRÊTE, HOPE !
HÉ ! NICOLA !
ARGH !!
UH ? PARDON ?
ELLE RÉPÈTE SANS CESSE QUE MON DESTIN EST D'AFFRONTER LE CLAN CRIMSON ET...
CETTE FILLE ME HARCÈLE.

REGARDE, ELLE ENTRE À LA BANQUE.
OH, JE VOIS...
ELLE VEUT DÉPOSER L'ARGENT QUE JE LUI AI LAISSÉ.
CE SERAIT PAS PRUDENT POUR UNE GAMINE DE SE BALADER AVEC AUTANT.
UNE SECONDE, TU LUI AS FILÉ COMBIEN AU JUSTE ?
JE ME DISAIS AUSSI... JE TROUVAIS QU'IL Y AVAIT BIEN PEU D'ARGENT SUR CETTE TABLE.
EN FAIT, C'EST PAS QUE TU NE SAIS PAS VIVRE, C'EST QUE T'ES UN CRÉTIN FINI.
MÊME UNE GAMINE SAIT MIEUX QUOI FAIRE DE SON ARGENT QUE TOI !
ELLE SAIT QU'IL FAUT L'ÉPARGNER ET LE PROTÉGER !
IL AIME APPUYER LÀ OÙ ÇA FAIT MAL, LUI...
CONTINUE DE PARLER, MOI JE ME BARRE. SALUT !
HÉ, MAIS ATTENDS !
REGARDE, LÀ-BAS...
TU LES TROUVES PAS LOUCHES, CES TYPES ?
HMM ?

QU'EST-CE QU'ON FAIT ?
PLUS QUESTION DE S'ENFUIR, MAINTENANT.
MAIS JE SENS QUE JE VAIS ENCORE LE REGRETTER...

VOUS SAVEZ POURQUOI ON EST LÀ !
METS TOUT L'ARGENT DANS CE SAC.
VOUS FERIEZ MIEUX DE BIEN ÉCOUTER GENTIMENT CE QU'ON VOUS DIT SI VOUS NE VOULEZ PAS QU'ON REPEIGNE LE SOL COULEUR SANG.
PAS LE CHOIX, J'IMAGINE. C'EST DE MA FAUTE SI ELLE S'EST RENDUE DANS CETTE BANQUE.
JE VAIS ESSAYER DE NÉGOCIER AVEC CES VOLEURS POUR SAUVER CETTE FILLE.
SURVEILLE MES AFFAIRES, KYLE.
HÉ, ATTENDS ! TU NE PRENDS PAS TON REVOLVER ?!
T'ES STUPIDE ? SI JE ME POINTE ARMÉ, ILS NE VOUDRONT JAMAIS NÉGOCIER AVEC MOI.
AH OUI, APPELLE LA POLICE.
...

FRÉROT, REGARDE TOUT L'ARGENT QU'AVAIT CETTE GAMINE.
NE JAMAIS SE FIER AUX APPARENCES.
JE VOUS EN SUPPLIE, LAISSEZ-MOI MON ARGENT !
C'EST TOI QUI ES STUPIDE !
TU CROIS VRAIMENT QUE DES BRIGANDS QUI ATTAQUENT UNE BANQUE VONT AVOIR LE CŒUR DE FAIRE LA CAUSETTE AVEC TOI ?!
HOHO ! FABULEUX !
SANS LUI, JE NE POURRAI PAS NOURRIR MES...
WOAH !!
TA GUEULE !!
BLAM
SI TU NE VEUX PAS CREVER, TU LA FERMES !
ET NE VOUS ENDORMEZ PAS, VOUS !
D... D'ACCORD...
VOUS N'AVEZ PAS INTÉRÊT À NOUS METTRE EN COLÈRE.
NOUS AVONS VOS VIES ENTRE NOS MAINS !
CLAC

NE TIREZ PAS.
JE NE SUIS PAS ARMÉ, COMME VOUS POUVEZ LE VOIR.
QUI T'ES, TOI ?
JE SUIS LE TUTEUR DE CETTE JEUNE FILLE.
VOUS N'AVEZ AUCUN INTÉRÊT À PRENDRE UNE ENFANT EN OTAGE.
...
JE SUIS VENU POUR ME PROPOSER EN ÉCHANGE.
TAC
JE VOUS EN PRIE, LAISSEZ PARTIR CETTE...
TU CROIS POUVOIR FORMULER UNE SEULE DEMANDE ICI, DÉBILE ?!
BLAM

ET VOILÀ, COMME PRÉVU…
VA REJOINDRE LES AUTRES !
C'EST PAS VRAI, IL SORT D'OÙ ?
ET IL EST ENTRÉ DANS LA BANQUE POUR QUOI, FINALEMENT ?
BON, ÇA Y EST ?
ET FACE À LUI, IL A CE QUE L'HUMANITÉ A DE PIRE À OFFRIR…
ON Y VA, ON A PERDU ASSEZ DE TEMPS DÉJÀ…
PITIÉ ! N'EMPORTEZ PAS L'ARGENT DE L'ORPHELINAT !
NOS PROTÉGÉS ONT BES…
PAN

JE VOUS AVAIS PRÉVENUS ! VOUS LA FERMEZ OU ON VOUS BUTE !
JOSHUA !!
L'UN D'ENTRE VOUS A BRISÉ LE CONTRAT. VOUS EN ÊTES TOUS TENUS POUR RESPONSABLES.
CECI VIENT DONC DE SIGNER VOTRE ARRÊT DE MORT.
HE HE
ON VOUS AVAIT BIEN DIT QUE VOS VIES ÉTAIENT ENTRE NOS MAINS !
ILS LIQUIDENT TOUJOURS TOUT LE MONDE POUR ÉVITER LES TÉMOINS GÊNANTS...

RHAA, JE M'ÉTAIS PROMIS DE NE JAMAIS VENIR EN AIDE À MON PROCHAIN.
MAIS JE NE PEUX PAS LAISSER MA POULE AUX ŒUFS D'OR MOURIR SOUS MES YEUX.
TCHIC
TOC
!
TON FILS EST DANS LA MERDE !
ALORS VA LE SAUVER, AUSSI CON SOIT-IL !

BANK OF NEO GENESIS
MAINTENANT, TOUT NE DÉPEND PLUS QUE DE TOI, HOPE !

EXCHANGE

EXCHANGE

QUOI... IL LES A TOUCHÉS...
TOUS LES TROIS... D'UN SEUL COUP ?!
C'EST UN MAGICIEN OU QU...
!
KLING
ALORS, QU'EST-CE QUE J'AVAIS DIT ?
UN HANDICAPÉ DE LA VIE DANS TON GENRE A FORCÉMENT BESOIN D'UN PARTENAIRE COMME MOI !

UN... UN INSTANT S'IL VOUS PLAÎT !
D'AC-CORD.
LAISSONS LES COMPTABLES FAIRE LEUR TRAVAIL ET RENTRONS.
NE T'EN FAIS PAS, TU AS BIEN AGI.
C'EST UN MIRACLE QU'IL N'Y AIT EU QU'UNE VICTIME.

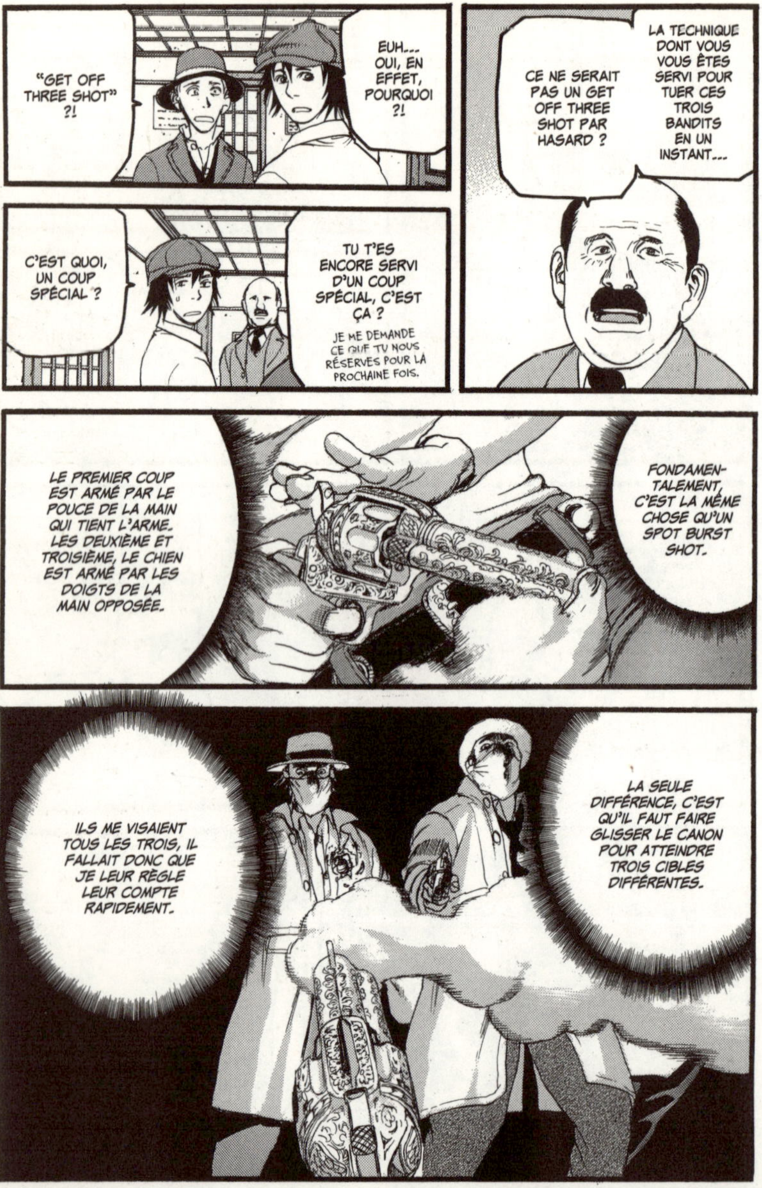

LA TECHNIQUE DONT VOUS VOUS ÊTES SERVI POUR TUER CES TROIS BANDITS EN UN INSTANT...
CE NE SERAIT PAS UN GET OFF THREE SHOT PAR HASARD ?
EUH... OUI, EN EFFET, POURQUOI ?!
"GET OFF THREE SHOT" ?!
TU T'ES ENCORE SERVI D'UN COUP SPÉCIAL, C'EST ÇA ?
JE ME DEMANDE CE QUE TU NOUS RÉSERVES POUR LA PROCHAINE FOIS.
C'EST QUOI, UN COUP SPÉCIAL ?
FONDAMENTALEMENT, C'EST LA MÊME CHOSE QU'UN SPOT BURST SHOT.
LE PREMIER COUP EST ARMÉ PAR LE POUCE DE LA MAIN QUI TIENT L'ARME. LES DEUXIÈME ET TROISIÈME, LE CHIEN EST ARMÉ PAR LES DOIGTS DE LA MAIN OPPOSÉE.
LA SEULE DIFFÉRENCE, C'EST QU'IL FAUT FAIRE GLISSER LE CANON POUR ATTEINDRE TROIS CIBLES DIFFÉRENTES.
ILS ME VISAIENT TOUS LES TROIS, IL FALLAIT DONC QUE JE LEUR RÈGLE LEUR COMPTE RAPIDEMENT.

MAIS ÇA A PAS ÉTÉ AUSSI SIMPLE QUE JE LE PENSAIS. TIRER CES TROIS COUPS TOUT EN ME RETOURNANT...
SUR DEUX COUPS, C'ÉTAIT BIEN PLUS SIMPLE.
...
J'AI BIEN FAIT DE LUI VENIR EN AIDE.
C'EST UNE VRAIE POULE AUX ŒUFS D'OR !
MAIS COMMENT CONNAISSEZ-VOUS CE NOM ?
OH, CELA REMONTE À AU MOINS 10 ANS...
UN ENTERTAINER DU NOM DE PEACE EMERSON ÉTAIT DE PASSAGE DANS CETTE VILLE. CETTE TECHNIQUE DE TIR ÉTAIT LA GRANDE ATTRACTION DE SON SPECTACLE.
OH, VOUS AVEZ DONC VU LE SPECTACLE DE MON PÈRE À L'ÉPOQUE !
ET VOUS, VOUS ÊTES LE FILS DE CET HOMME !
JE ME DEMANDAIS S'IL Y AVAIT UN LIEN...
C'ÉTAIT UN TYPE EXTRA-ORDINAIRE.
SON SPECTACLE N'ÉTAIT PAS UN APPEL AU SANG COMME CES DUELS DE MAINTENANT. IL ATTIRAIT LA FOULE AVEC UNE DÉMONSTRATION DE TIR D'UNE VRAIE BEAUTÉ.
UN ORPHELIN DE MA PENSION ÉTAIT PARTI-CULIÈREMENT FASCINÉ PAR LUI.
IL S'ENTRAÎNAIT À SES TECHNIQUES AVEC UN REVOLVER FACTICE.
MAIS DE L'EAU A COULÉ SOUS LES PONTS.
CE GOSSE PARTICIPE DÉSORMAIS À CES FOUTUS DUELS.

CE SERAIT UNE INCROYABLE COÏNCIDENCE, MAIS PORTAIT-IL LE NOM DE GREG RIVER ?
ET SERIEZ-VOUS UN MEMBRE DE LA PAROISSE DE COLLINS ?
EUH, OUI, EN EFFET...
COMMENT SAVEZ-VOUS TOUT CELA ?
C'ÉTAIT DONC ÇA... CELA TOMBE BIEN.
TENEZ.
C'EST UN CHÈQUE DE LA PART DE GREG.
GREG... NOUS A QUITTÉ LORS D'UN DUEL IL Y A PEU.
CECI EST SA DERNIÈRE COMMISSION.
MON... MON DIEU...
QUEL IDIOT... JE LUI AVAIS DIT QUE NOUS N'AVIONS PAS BESOIN DE CES DONS... QUE S'IL ARRÊTAIT SIMPLEMENT CES DUELS, JE...
QUE DOIS-JE FAIRE... JE DEVRAIS PEUT-ÊTRE LUI LAISSER LA PETITE NICOLA, COMME GREG LE VOULAIT...
MAIS ELLE EST POURCHASSÉE PAR CES CRIMSON EXECUTERS...
...
NON, JE NE PEUX PAS FAIRE ÇA !
NE PLEUREZ PLUS, MONSIEUR. VOICI ENCORE DE L'ARGENT POUR VOTRE ORPHELINAT.
FAITES-EN BON USAGE.

RIEN NE PEUT M'ARRIVER AVEC LUI À MES COTÉS.
SCROUIK
TOUT... TOUT CET ARGENT ?
MAIS COMMENT ALLEZ-VOUS VOUS NOURRIR, MADEMOISELLE ?!
NE VOUS FAITES PAS DE SOUCI POUR MOI.
C'EST TOI QUI AS DIT TOUT À L'HEURE QUE TU ÉTAIS MON TUTEUR.
DIS DONC, GAMINE... TU PROJETTES QUOI ?!
TES RÊVES, TU LES GARDES POUR DANS TON LIT !
L'ARGENT, L'ARGENT... IL N'Y A PAS QUE ÇA DANS LA VIE...
JE N'AI NI L'ENVIE, NI LES MOYENS DE M'OCCUPER DE TOI, JE TE L'AI DÉJÀ DIT !
VA TE FAIRE DES AMIS À L'ORPHELINAT, COMME LE VOULAIT GREG !
QUE CELA TE SERVE DE LEÇON : LES ADULTES MENTENT.

SI C'EST D'ARGENT DONT TU AS BESOIN, JE PEUX T'AIDER…
TU N'AS QU'À VENIR AVEC MOI À FADEN…
QUOI ?
FADEN… C'EST CE VILLAGE OÙ TU TE PLANQUAIS ALORS QUE TOUT LE MONDE Y A ÉTÉ MASSACRÉ, NON ?
POURQUOI JE VOUDRAIS ALLER LÀ-BAS ?
JE PIGE VRAIMENT RIEN À CE QUE TU MIJOTES.
MONSIEUR HECKEL, NOUS SOMMES ARRIVÉS À NEO GENESIS.
QUELLE SUITE DONNONS-NOUS À NOS ACTIONS ? SI CE "HOPE" EST BIEN DANS CETTE VILLE…
NE T'EN FAIS PAS. JE NE COMPTE PAS RÉDUIRE L'ENDROIT EN CENDRES.
BOM

JE SUIS IMPATIENT DE VOIR CE DONT EST RÉELLEMENT CAPABLE...
L'HOMME QUI A DESCENDU HANS D'UN SPOT BURST SHOT.

ACTION 3 : Le secret de Faden

PAS DE DOUTE.
C'EST CELUI QUI A TUÉ HANS.
SINON... ATTENDEZ QUE JE ME RAPPELLE...
!
AH OUI, IL ÉTAIT ACCOMPAGNÉ D'UNE CHARMANTE JEUNE FILLE.
IL A DIT QU'IL ÉTAIT SON TUTEUR.
ET ILS ONT PARLÉ ENSEMBLE DE SE RENDRE À FADEN.
VOUS EN ÊTES BIEN SÛR ?
!!
CETTE JEUNE FILLE AVAIT-ELLE DANS LES DIX ANS, CHEVEUX BLOND DORÉ ?
EUH... OUI... C'EST CELA, OUI...

INCROYABLE...
NICOLA ÉTAIT ICI...
NON, C'EST LOGIQUE EN FAIT. HANS ÉTAIT À SA RECHERCHE.
SI MES DÉDUCTIONS SONT CORRECTES, LA SITUATION EST EXTRÊMEMENT GRAVE.

ACTION 3 : Le secret de Faden

EH BEN, S'IL Y A BIEN UNE CHOSE À LAQUELLE JE N'AURAIS JAMAIS SONGÉ, C'EST REMETTRE LES PIEDS DANS CE VILLAGE.
L'AIR EST TOUJOURS AUSSI VICIÉ.
IL EST COMME DANS MES SOUVENIRS, TOUJOURS AUSSI ACCUEILLANT.
DIS DONC, ON T'A PAS SUPPLIÉ DE VENIR. SI ÇA TE PESAIT TANT QUE ÇA, T'AVAIS QU'À RESTER.
TANT QUE TOUT N'AURA PAS ÉTÉ RASÉ POUR ÊTRE REBÂTI, CE LIEU EMPESTERA.
ON PEUT ENCORE DEVINER LES TRACES DU MASSACRE DE SES HABITANTS...

C'EST PAS TRÈS GENTIL DE ME DIRE ÇA.
QUI EST-CE QUI A RÉGLÉ LA NOTE DE LA DILIGENCE POUR VENIR ICI, HM ?
ET PAS QUESTION QUE JE LÂCHE DU REGARD MA POULE AUX ŒUFS D'OR.
CONSIDÈRE LE TRANSPORT COMME UN INVESTISSEMENT !
JE ME DEMANDE LEQUEL D'ENTRE NOUS N'EST PAS TRÈS GENTIL DANS SES PROPOS...
JE SUIS PAS UNE POULE.
MAIS J'AI DU MAL À CROIRE QU'IL RESTE QUOI QUE CE SOIT DE VALEUR ICI, NICOLA.
J'AI DÉJÀ CHERCHÉ À FOND DANS LE COIN, MAIS J'AI MÊME PAS TROUVÉ LE MOINDRE CLÉBARD ABANDONNÉ.
TOUT CE QUE J'AI TROUVÉ, C'EST TOI.
SI TU N'AS PAS CONFIANCE, TU PEUX PARTIR.
JE N'AVAIS PAS L'INTENTION DE PARTAGER CETTE RICHESSE AVEC TOI DE TOUTE MANIÈRE.
...
QU'EST-CE QU'ELLE EST MÉCHANTE... TOUS PLUS VILAINS LES UNS QUE LES AUTRES...
APRÈS LE MASSACRE, NOMBRE DE RAPACES ÂPRES AU GAIN SONT VENUS.
TOI Y COMPRIS.

MAIS...
PERSONNE... N'A REMARQUÉ CE MÉCANISME...
BRAOM

MAIS C'EST...

UNE PLANCHE À BILLETS ?

ATTENDS, CALME-TOI ET RÉFLÉCHIS UN INSTANT, HOPE.
LÀ, TU ME TROUES, NICOLA ! COMME J'AI BIEN FAIT DE TE SUIVRE ICI !
FROT
EN PLUS ON PEUT EN FABRIQUER AUTANT QU'ON LE DÉSIRE !
INCROYABLE, IL Y EN A DES LIASSES !
TOUT CE QUE TU VOIS ICI, CE DOIT ÊTRE DE LA FAUSSE MONNAIE.
POURQUOI Y AURAIT-IL UNE FABRIQUE DE BILLETS DANS CE MINUSCULE VILLAGE ?
NON, TU TE MÉPRENDS.
MAIS MAINTENANT JE PEUX VOIR LE PÈRE CRIMSON SE FÂCHER TOUT ROUGE EN APPRENANT QU'ON FABRIQUAIT DES FAUSSES LIASSES ICI.
JE M'ÉTAIS TOUJOURS DEMANDÉ QUELLE RAISON LES CRIMSON EXECUTERS POUVAIENT AVOIR POUR RASER DE LA CARTE UN VILLAGE AUSSI PAUMÉ.
DE... DE LA FAUSSE MONNAIE ?
ALORS ON NE PEUT PAS L'UTILISER ?

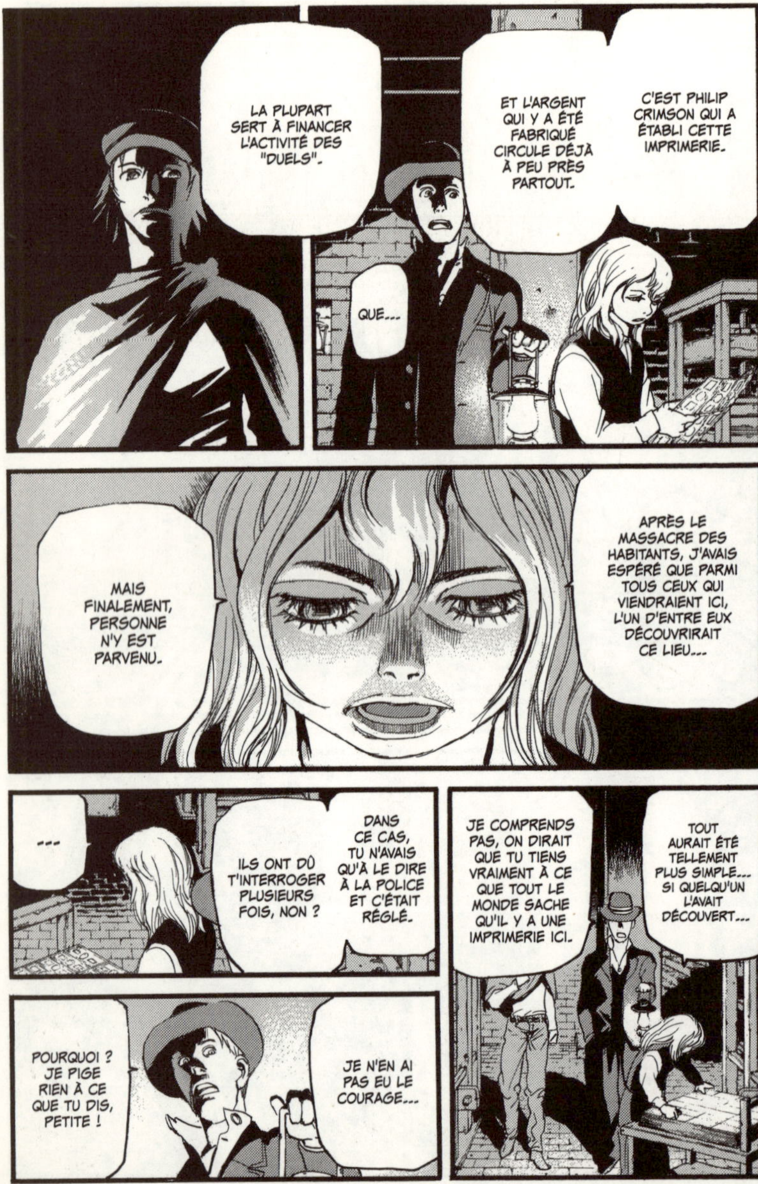
C'EST PHILIP CRIMSON QUI A ÉTABLI CETTE IMPRIMERIE.
ET L'ARGENT QUI Y A ÉTÉ FABRIQUÉ CIRCULE DÉJÀ À PEU PRÈS PARTOUT.
QUE...
LA PLUPART SERT À FINANCER L'ACTIVITÉ DES "DUELS".
APRÈS LE MASSACRE DES HABITANTS, J'AVAIS ESPÉRÉ QUE PARMI TOUS CEUX QUI VIENDRAIENT ICI, L'UN D'ENTRE EUX DÉCOUVRIRAIT CE LIEU...
MAIS FINALEMENT, PERSONNE N'Y EST PARVENU.
TOUT AURAIT ÉTÉ TELLEMENT PLUS SIMPLE... SI QUELQU'UN L'AVAIT DÉCOUVERT...
JE COMPRENDS PAS, ON DIRAIT QUE TU TIENS VRAIMENT À CE QUE TOUT LE MONDE SACHE QU'IL Y A UNE IMPRIMERIE ICI.
DANS CE CAS, TU N'AVAIS QU'À LE DIRE À LA POLICE ET C'ÉTAIT RÉGLÉ.
ILS ONT DÛ T'INTERROGER PLUSIEURS FOIS, NON ?
...
JE N'EN AI PAS EU LE COURAGE...
POURQUOI ? JE PIGE RIEN À CE QUE TU DIS, PETITE !

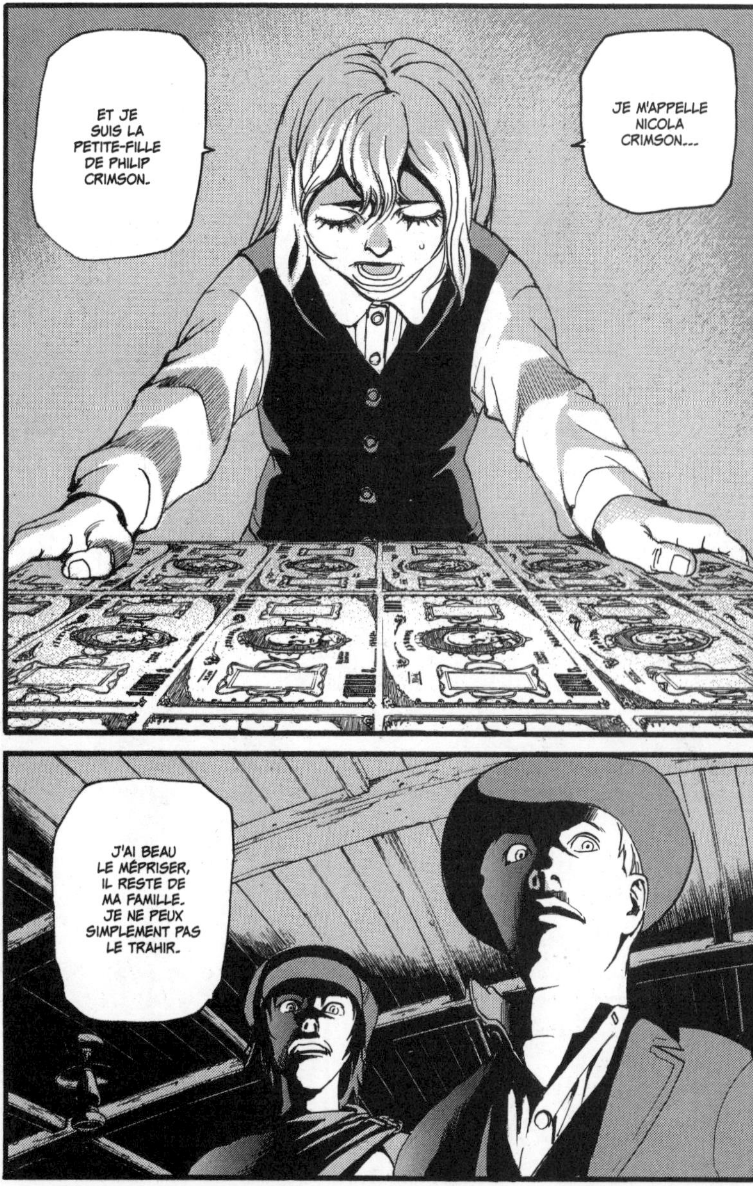
JE M'APPELLE NICOLA CRIMSON...
ET JE SUIS LA PETITE-FILLE DE PHILIP CRIMSON.
J'AI BEAU LE MÉPRISER, IL RESTE DE MA FAMILLE. JE NE PEUX SIMPLEMENT PAS LE TRAHIR.

JE VOUS LAISSE LIBRE DE CHOISIR L'USAGE QUE VOUS FEREZ DES FAUX BILLETS.
JE DOUTE QUE QUICONQUE SE SOIT DÉJÀ APERÇU QUE CET ARGENT CIRCULAIT, VOUS POUVEZ VOUS EN SERVIR.
EXCUSEZ-MOI, UNE JEUNE FILLE N'ACCOMPAGNAIT-ELLE PAS LES HOMMES QUE VOUS AVEZ CONDUITS ICI ?
EUH... OUI, C'EST EXACT, MAIS COMMENT LE SAVEZ-VOUS ?
VOUS FERIEZ MIEUX DE PARTIR.
VOUS RISQUERIEZ D'ÊTRE TOUCHÉ PAR UNE BALLE PERDUE.
JE NE VEUX QU'UNE SEULE CHOSE EN ÉCHANGE : QUE VOUS ME PROTÉGIEZ !

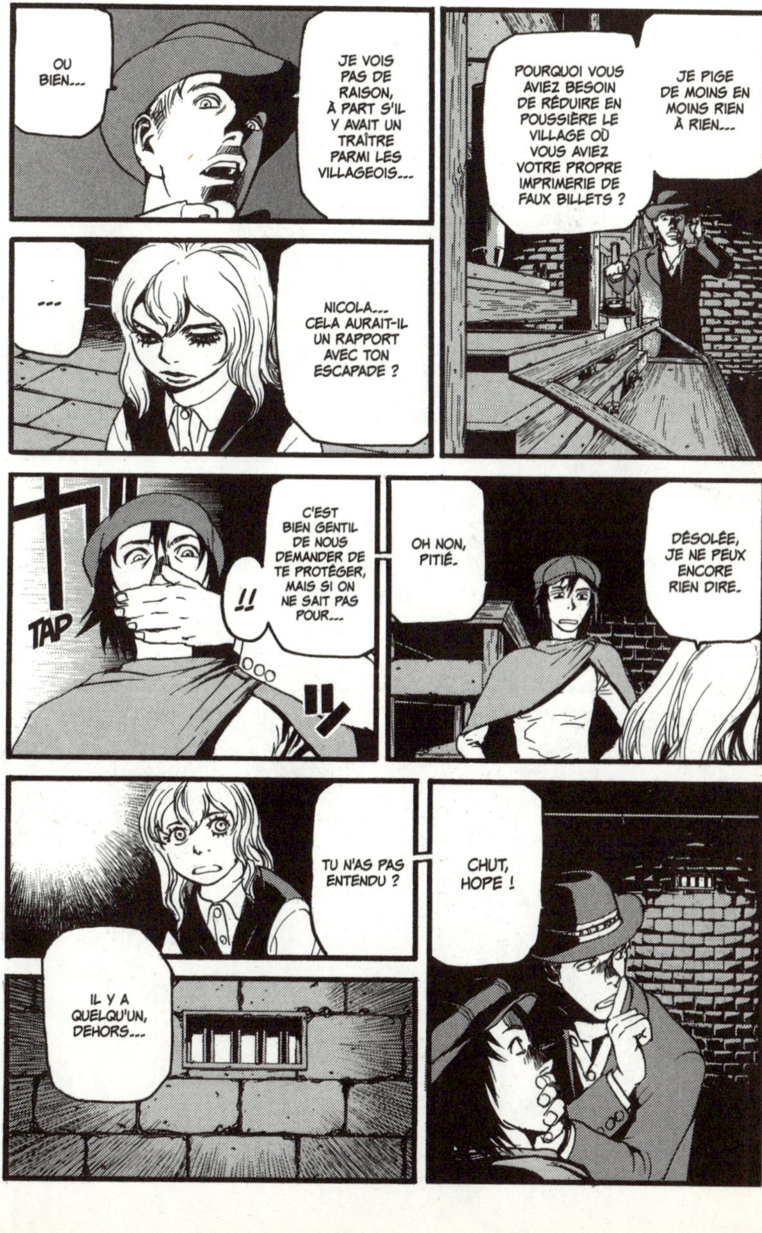

JE PIGE DE MOINS EN MOINS RIEN À RIEN...
POURQUOI VOUS AVIEZ BESOIN DE RÉDUIRE EN POUSSIÈRE LE VILLAGE OÙ VOUS AVIEZ VOTRE PROPRE IMPRIMERIE DE FAUX BILLETS ?
JE VOIS PAS DE RAISON, À PART S'IL Y AVAIT UN TRAÎTRE PARMI LES VILLAGEOIS...
OU BIEN...
NICOLA... CELA AURAIT-IL UN RAPPORT AVEC TON ESCAPADE ?
...
DÉSOLÉE, JE NE PEUX ENCORE RIEN DIRE.
OH NON, PITIÉ.
C'EST BIEN GENTIL DE NOUS DEMANDER DE TE PROTÉGER, MAIS SI ON NE SAIT PAS POUR...
!!
TAP
CHUT, HOPE !
TU N'AS PAS ENTENDU ?
IL Y A QUELQU'UN, DEHORS...

IL SEMBLE BIEN QU'ON NOUS AIT FILÉS JUSQU'ICI.
NICOLA ! JE SAIS QUE TU ES LÀ !
MONTRE-TOI !
GORDON HECKEL DES CRIMSON EXECUTERS EST VENU TE CHERCHER !
BOM
BOM

QUANT À CELUI QUI T'ACCOMPAGNE !
JE TIENS À LUI SIGNALER QUE JE NE SOUHAITE PAS FAIRE COULER LE SANG INUTILEMENT !
SORTEZ ENSEMBLE, ET NOUS POURRONS DISCUTER !
IL SEMBLE RAISONNABLE...
NOUS SOMMES COINCÉS COMME DES RATS ICI, IL VAUDRAIT MIEUX QU'ON SORTE DE TOUTE MANIÈRE...
NON, JE NE PENSE PAS QUE CE SOIT AUSSI SIMPLE...
REGARDE... DANS QUEL ÉTAT EST LA PETITE...
HMM... DANS CE CAS...
BRRR
PAS LE CHOIX.
JE VAIS ME MONTRER TOUT SEUL ET ESSAYER DE NÉGOCIER.
PROFITEZ-EN POUR QUITTER CE VILLAGE.
OH... UNE MINUTE !

QUE COMPTES-TU FAIRE ?
JE VIENS DE TE LE DIRE : ESSAYER DE DISCUTER.
SI ÇA TOURNE MAL, JE SAIS QUE JE POURRAI M'ENFUIR.
JE PIGE PAS COMMENT TU PEUX AVOIR AUTANT FOI EN T'APPUYANT SUR DU VIDE.
LA SEULE CHOSE SUR LAQUELLE TU PUISSES COMPTER, C'EST ÇA, NON ?
JE NE SERAI PAS LÀ CETTE FOIS POUR TE SAUVER !
C'EST UN CRIMSON EXECUTER EN FACE.
JE NE PENSE PAS QUE LES PAROLES AIENT BEAUCOUP D'EFFET SUR LUI.
ÉCOUTE-MOI BIEN : SI JAMAIS ÇA TOURNE MAL, TU DÉGAINES !
EUH... OK...

LA MOINDRE HÉSITATION PEUT TE COÛTER LA VIE !

TU JOUES À QUOI ?
JE NE T'AI PAS PROPOSÉ DE TE RENDRE...
À MOINS QUE TU AIES NICOLA AVEC TOI !
EN FAIT... TOUT NE S'EST PAS PASSÉ COMME PRÉVU...
NICOLA N'A AUCUNE ENVIE DE REVENIR AUPRÈS DE VOUS.
C'EST QUI, CE GÉANT ?!
IL Y A UN PROBLÈME DE PROPORTIONS, OU IL EST PLUS GRAND QU'UNE MAISON ?!
ET C'EST QUOI CE GROS ENGIN...
JE PROMETS D'ESSAYER DE LA CONVAINCRE, MAIS NE POURRAIT-ON PAS EN RESTER LÀ POUR AUJOURD'HUI ?
JE NE PEUX ACCEPTER CES TERMES. VA LA CHERCHER, ET J'ESSAIERAI, MOI, DE LA CONVAINCRE !
OU BIEN Y AURAIT-IL UNE AUTRE RAISON POUR LAQUELLE ELLE NE T'ACCOMPAGNE PAS ?
EUH... BIEN SÛR QUE NON...

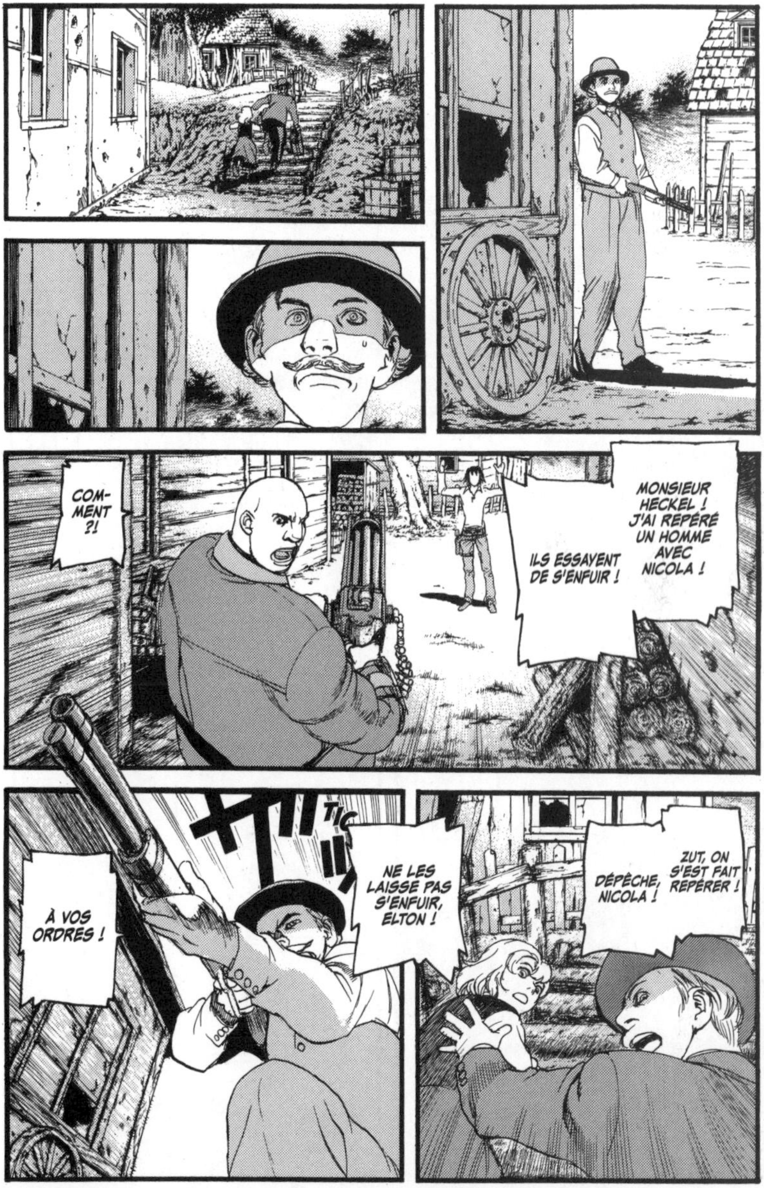
MONSIEUR HECKEL ! J'AI REPÉRÉ UN HOMME AVEC NICOLA !
ILS ESSAYENT DE S'ENFUIR !
COMMENT ?!
ZUT, ON S'EST FAIT REPÉRER !
DÉPÊCHE, NICOLA !
TIC
NE LES LAISSE PAS S'ENFUIR, ELTON !
À VOS ORDRES !

URGH !

!!
KYLE !
TOI... TU M'AS MENTI...
ET J'AI FAILLI ME LAISSER BERNER...
JE LE SAVAIS... VOUS FAITES PARTIE DU COMPLOT QUI VEUT NUIRE À LA FAMILLE CRIMSON...
HEIN ?!
EUH... JE NE VOIS ABSOLUMENT PAS DE QUOI TU PARLES...
INUTILE DE CHERCHER À NIER.

QUICONQUE S'OPPOSE À CRIMSON...
DOIT SE PRÉPARER...

À CE QUE
LES CRIMSON
EXECUTERS
LUI FASSENT
JUSTICE !
RATATATA
ドドドドド

J'AI... J'AI EU CHAUD.
HUF
HUF
HUF
MAIS LA MAISON TOMBE EN MIETTES.
C'EST QUOI, CE FUSIL CAPABLE D'ENCHAÎNER LES BALLES ?
!!
SCRIC

ENCORE EN VIE ?
MISÉRABLE CAFARD...

ACTION 4 : Son nom était Heckel

J'ESPÈRE QUE KYLE ET NICOLA SONT EN SECURITÉ.
ÇA... ÇA VA ?
OUI, ÇA M'A JUSTE FRÔLÉ L'ÉPAULE.
MAIS J'AI ÉTÉ STUPIDE.
ÉVIDEMMENT QU'IL ÉTAIT VENU ACCOMPAGNÉ.
IL SEMBLE QUE NOTRE CARROSSE AIT DÉSERTÉ LES LIEUX EN PLUS.
MAIS IL RESTE LEUR ESPÈCE DE CUIRASSÉ À EUX.

IL FAUT RÉUSSIR À S'EN EMPARER.
SI SEULEMENT J'ÉTAIS ARMÉ.
...
JE N'AI QU'À SERVIR D'APPÂT !
HEIN ?
NE T'EN FAIS PAS... ILS NE PEUVENT PAS ME TIRER DESSUS.
MADEMOISELLE NICOLA...
ドドド
RATATA
OÙ EST L'HOMME QUI VOUS ACCOMPAGNAIT ?
IL S'EST ÉCROULÉ QUAND TU L'AS TOUCHÉ.
JE T'EN PRIE, NE TIRE PLUS !

JE... JE N'AI NULLE PART OU FUIR, DÉSORMAIS...
IL FAUDRA EN PROFITER !
RATATATA
BROM
BROM
PSSSH

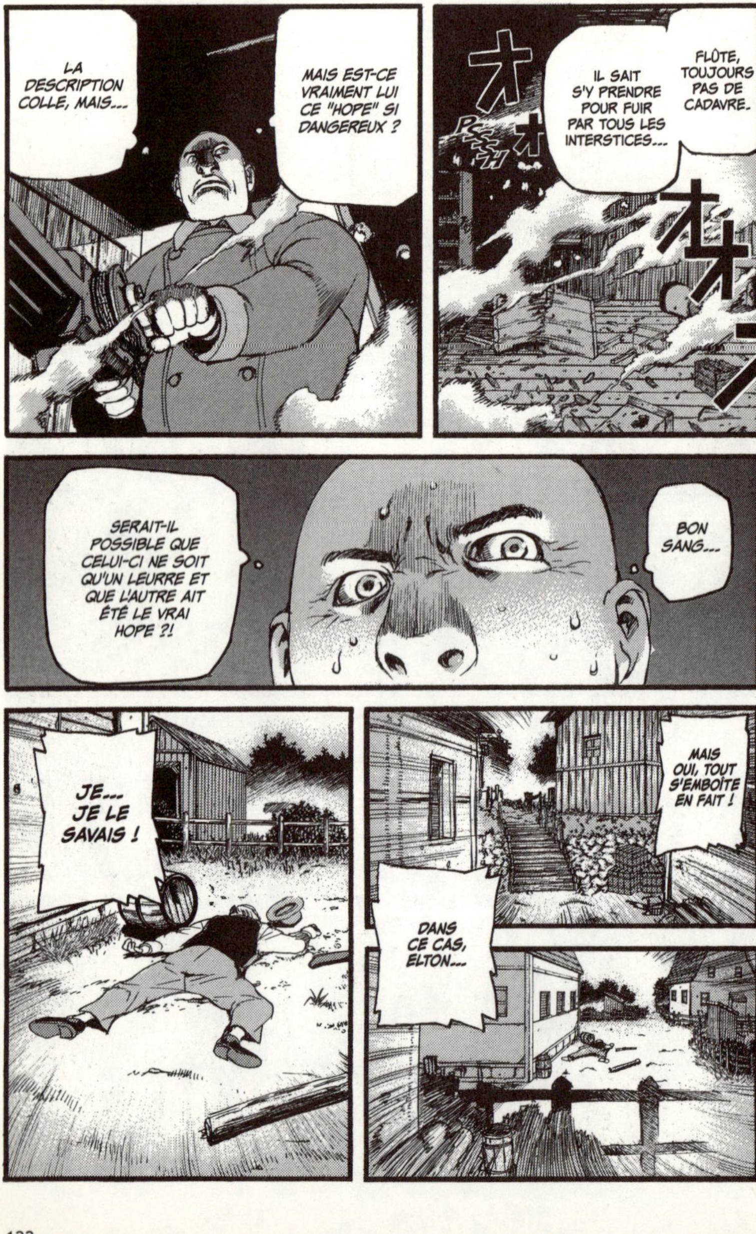
FLÛTE, TOUJOURS PAS DE CADAVRE.
IL SAIT S'Y PRENDRE POUR FUIR PAR TOUS LES INTERSTICES...
PSSSH
MAIS EST-CE VRAIMENT LUI CE "HOPE" SI DANGEREUX ?
LA DESCRIPTION COLLE, MAIS...
BON SANG...
SERAIT-IL POSSIBLE QUE CELUI-CI NE SOIT QU'UN LEURRE ET QUE L'AUTRE AIT ÉTÉ LE VRAI HOPE ?!
MAIS OUI, TOUT S'EMBOÎTE EN FAIT !
DANS CE CAS, ELTON...
JE... JE LE SAVAIS !

AH, ATTEN-TION !
FUIS, NICOLA !
ALORS TOI...
QUE DE BASSESSES...
NE CROIS PAS QUE TU VAS POUVOIR T'ENFUIR !
RATATATA
WOAH !

PFIOU, ENFIN UNE PAUSE DANS CET ENFER.
JE M'EN SUIS SORTI MALGRÉ TOUT.
IL NE DOIT PLUS AVOIR DE MUNITIONS, JE PARIE.
HOULÀ...
MAIS QUEL INCROYABLE FUSIL À RÉPÉTITION IL AVAIT...
!!

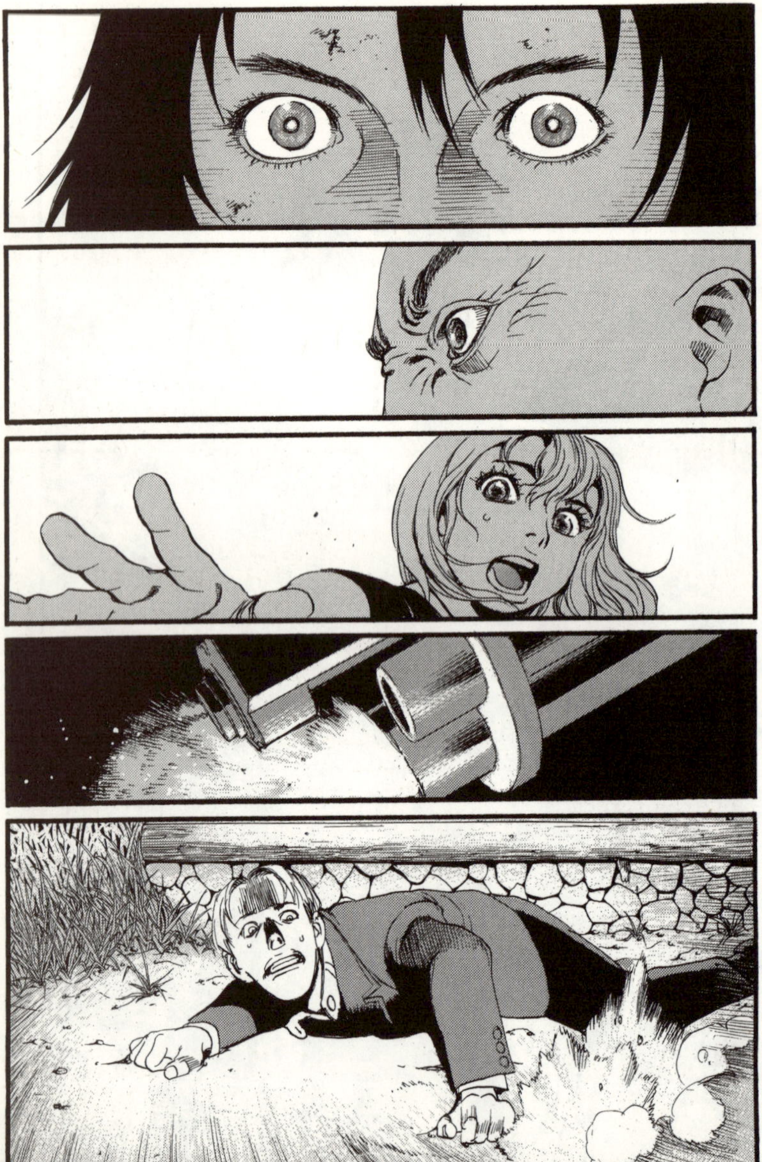

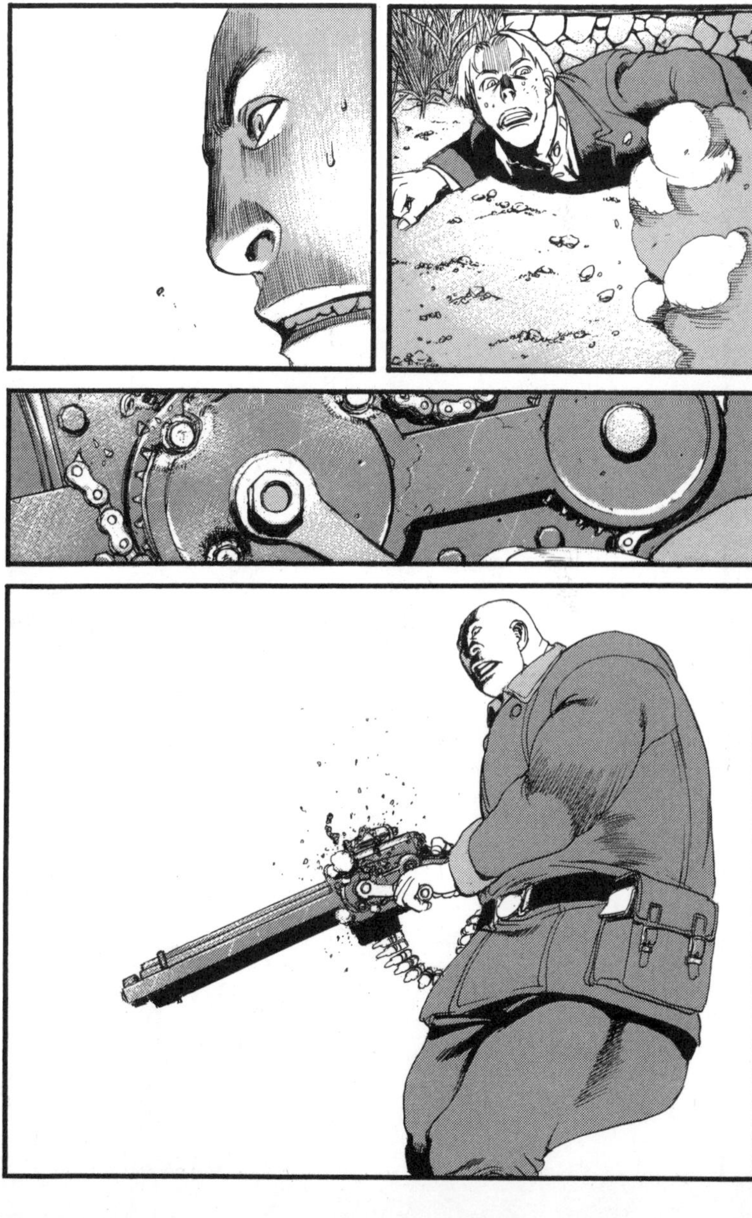

*Hip shot : Tir effectué à hauteur de la hanche, qui perd donc en précision. Une des techniques de base du tir de vitesse.

VOILÀ DONC CE DONT EST CAPABLE L'HOMME QUI A TUÉ HANS !
PLUS UN GESTE, OU JE N'AURAI D'AUTRE CHOIX QUE DE T'IMMOBILISER LA PROCHAINE FOIS.
JE NE T'AI PAS MENTI : JE NE FAIS PARTIE D'AUCUNE ORGANISATION AYANT DES COMPTES À RÉGLER AVEC LA FAMILLE CRIMSON.
NICOLA M'A MÊME CONFIÉ QU'ELLE FAISAIT PARTIE DE VOTRE FAMILLE.
MAIS ELLE M'A AUSSI DIT QU'ELLE NE VOULAIT PAS RETOURNER DANS VOTRE GIRON POUR L'INSTANT.
...
ALORS NE POURRIONS-NOUS PAS EN RESTER LÀ POUR AUJOURD'HUI ?
JE T'AVOUERAI QUE... JE N'AIME PAS TROP ME SERVIR D'UNE ARME MOI-MÊME.
...
HÉ HÉ HÉ, TU ES UN DRÔLE, TOI.
TU AS UN TALENT EXTRAORDINAIRE, MAIS TU RECHIGNES À L'EXHIBER ?

TRES BIEN, JE RECONNAIS MA DÉFAITE POUR AUJOURD'HUI.
NOUS ALLONS NOUS RETIRER.
OUH...
OUILLE...
ELTON, T'AS FINI DE DORMIR ?! ON Y VA !
PRÉPARE LA DILIGENCE !
HEIN ?
QU'EST-CE QUI S'EST PASSÉ ?
MAIS PEU IMPORTENT TES JUSTIFICATIONS, TU RESTES CELUI QUI A TUÉ UN DE MES CAMARADES.
LES CRIMSON EXECUTERS SE DOIVENT DE LAVER CET AFFRONT.
TU REGRETTERAS UN JOUR DE M'AVOIR LAISSÉ PARTIR.
JE T'AURAI PRÉVENU !
BOUH... ÇA ME DIT RIEN DE BON...
J'AURAIS UN DERNIER SOUHAIT... POURRAIS-TU DONNER TON NOM COMPLET ?
HEIN ?

BOUH... J'EN AI AUCUNE ENVIE, OUI...
MON... MON NOM EST HOPE...
HOPE EMERSON.
EMERSON ?
TU N'AURAIS QUAND MÊME PAS DE LIEN AVEC PEACE EMERSON ?!
EUH... JE... JE SUIS SON FILS...
MAIS COMMENT CONNAIS-TU MON PÈRE ?
...
HÉ HÉ HÉ.
HA HA HA...
HA HA HA HA HA !

DE... DE QUOI PARLE-T-IL ?
ET L'AUTRE SALOPE, ELLE NOUS AURA BIEN DUPÉS !
JE N'AURAIS JAMAIS CRU QU'IL AVAIT ENCORE UN DESCENDANT EN VIE !
HÉ HÉ HÉ, POUR UNE SURPRISE...
...
MAIS J'AI VRAIMENT LA PLUS EXTRAORDINAIRE DES HISTOIRES À RACONTER AUX AUTRES !
ÇA ME FAISAIT MAL DE M'EN RETOURNER UNIQUEMENT AVEC DES MAUVAISES NOUVELLES...
BOUH... PAS ENVIE DE LE REVOIR...
MERCI À TOI, HOPE EMERSON !
JUSQU'À NOTRE PROCHAINE RENCONTRE !

ET DONC...
ON FAIT QUOI DE ÇA ?
COMME JE VOUS L'AI DIT, LES FAUX BILLETS FABRIQUÉS ICI CIRCULENT DÉJÀ.
FAITES-EN CE QUE VOUS VOULEZ.
BON...
C'EST TOI QUI DÉCIDES, HOPE.
...

POURQUOI PAS, APRÈS TOUT !
NI MOI, NI HOPE NE SAURIONS COMMENT NOUS SERVIR DE CES FAUX BILLETS.
COMME ÇA, TOUT LE MONDE EST CONTENT.
N'EST-CE PAS, NICOLA ?

MANTICORE... LA GROSSE VILLE PORTUAIRE ?
J'Y SUIS ALLÉ QUAND J'ÉTAIS PETIT.
C'EST UN PEU LOIN, MAIS SI ON ALLAIT À MANTICORE ?
AH, C'EST VRAI.
QUEL RABAT-JOIE...
MAIS QUE VA-T-ON FAIRE ? FINALEMENT ON EST TOUJOURS FAUCHÉS.
EN FAIT, C'ÉTAIT UN PEU BÊTE CE QU'ON A FAIT...
J'AI MES ENTRÉES DANS CETTE VILLE.
TU CHERCHAIS QUELQU'UN, NON, HOPE ?
ET C'EST MAINTENANT QUE TU T'EN RENDS COMPTE !
CE QUE JE SUIS CONTENT DE T'AVOIR RENCONTRÉ !
KYLE...
JE PEUX FAIRE JOUER MES RELATIONS, ET JE DEVRAIS TROUVER LE MOYEN DE NOUS PROCURER DE L'ARGENT.
MAIS N'OUBLIE PAS QUE TU M'ES REDEVABLE.
MA POULE AUX ŒUFS D'OR.
CECI N'EST QU'UNE AVANCE !
OUH... JE M'EN VEUX DE M'ÊTRE FÉLICITÉ DE T'AVOIR RENCONTRÉ, MAINTENANT...
APPAREMMENT VOUS AVEZ DÉCIDÉ, ALORS JE VOUS SUIS.
NON, TOI TU PEUX RESTER ICI ; ON COMPREND RIEN À CE QUE TU RACONTES EN PLUS.

ACTION 5 : Le port de Manticore

ACTION 5 : Le port de Manticore

C'EST
ICI QUE JE
SUIS NÉ.

WOW, J'EN AI VRAIMENT LE SOUFFLE COUPÉ.
TU M'ÉTONNES QUE C'EST LE PLUS GROS PORT DU PAYS.
ILS VENDENT DES TAS DE TRUCS DONT J'IGNORAIS MÊME L'EXISTENCE.
MMH, QUE ÇA A L'AIR APPÉTISSANT...
700
C'EST D'AUTANT PLUS DUR DE NE PAS AVOIR LES MOYENS DE S'OFFRIR QUOI QUE CE SOIT.
C'EST TROP TENTANT.
JE N'AI PAS ENVIE D'Y SONGER, MAIS ÇA FAIT QUAND MÊME DEUX JOURS QUE NOUS N'AVONS RIEN AVALÉ.
BURB
GRURB
GURB
GLOU GLOU

DIS DONC, KYLE, TU PEUX VRAIMENT OBTENIR DE L'ARGENT DANS CETTE VILLE ?
SI TU M'AS MENTI, IL FAUDRA QUE JE CHOISISSE ENTRE SUCCOMBER À LA FAMINE ET DEVENIR HORS-LA-LOI !
C'EST FINI, OUI ?! UN PEU DE PATIENCE.
NOUS SOMMES ARRIVÉS.
CASINO 1st MANTICORE
MAIS C'EST...
UN CASINO ?!

C'EST SÛR QUE POUR AMASSER UN PAQUET D'ARGENT RAPIDEMENT, C'EST LE BON PLAN...
KYLE... JE SAVAIS QUE T'ÉTAIS BÊTE, MAIS À CE POINT ?!
IL EST CINGLÉ : JOUER NOS VIES SUR UN COUP DE CHANCE...
MAIS CROIS-EN MON EXPÉRIENCE : ON NE FINIT JAMAIS GAGNANT AUX JEUX D'ARGENT !

HOPE, TU DISAIS ? J'ÉTAIS... "BÊTE" ?
NE NOUS METS PAS DANS LE MÊME PANIER !
CERTAINS D'ENTRE NOUS PEUVENT JOUER AUTANT QU'ILS VEULENT, TANT QU'ILS ONT LE TALENT ET LA CHANCE DE LEUR CÔTÉ.

DIS DONC... CE NE SERAIT PAS... KYLE PALMER ?!
HEIN ? KYLE... LA TORNADE DES CASINOS ?!
IL N'ÉTAIT PAS BANNI DE CETTE VILLE ?
J'AVAIS ENTENDU DIRE QU'IL ÉTAIT MORT, MOI.
...
MONSIEUR RICK, VOUS AVEZ ENTENDU ?!
AU CASINO D'À CÔTÉ...
QUOI ? KYLE SERAIT REVENU EN VILLE ?
APPAREMMENT, CE QUE JE LUI AI FAIT SUBIR LA DERNIÈRE FOIS NE LUI AURA PAS SERVI DE LEÇON.

WOUHOU ! GÉNIAL !
FLAP FLAP
AVEC TOUT ÇA, ON VA POUVOIR MANGER TOUT CE QU'ON VEUT ET SE REPOSER DANS UN BON HÔTEL !
JE RETIRE CE QUE J'AVAIS DIT, KYLE ! TU ES UN VRAI GÉNIE DANS TON GENRE.
FLAP FLAP
ON PEUT DIRE ÇA.
MAIS S'IL CONTINUE À EXHIBER SES BILLETS COMME ÇA, IL VA FINIR PAR SE LES FAIRE TIRER.
J'AI UN BON FEELING AVEC CE CASINO.
JE N'AI JAMAIS PERDU UNE SEULE FOIS, LÀ-BAS.
AH BON ? MAIS DANS CE CAS, TU N'AURAIS PAS INTÉRÊT À RESTER QUELQUES MOIS, LE TEMPS DE METTRE SUFFISAMMENT DE CÔTÉ ?
IDIOT. C'EST BIEN DE SAVOIR QUAND POUSSER, MAIS CE QUI COMPTE LE PLUS, C'EST DE RECONNAÎTRE LE MOMENT OÙ IL FAUT SE COUCHER.
LA FORTUNE NE SOURIT JAMAIS À CEUX QUI NE COMPRENNENT PAS QUAND SON COURS A TOURNÉ.

OH... HÉ, UNE MINUTE !
DÉSORMAIS, C'EST TOI QUI VAS PARTICIPER AUX "DUELS" POUR NOUS NOURRIR.
ET J'INSCRIS LA RECETTE DU CASINO DANS TES DETTES.
...
C'EST POUR ÇA QUE TU NE L'AS JAMAIS CROISÉE !
JE TE L'AI DÉJÀ DIT : ARRÊTE LES JEUX !
HEIN ?
ENFIN BREF, JE N'AI PAS L'INTENTION DE REJOUER.
DE NOMBREUSES RAISONS...
!!
TU NE VEUX PAS PARTICIPER AUX DUELS, MAIS MOI AUSSI J'AI DES RAISONS POUR NE PAS JOUER.
POURQUOI ?! T'AS VU CE DONT T'ES CAPABLE ?!
...
ET EN VOICI JUSTEMENT UNE.

JE N'AURAIS JAMAIS CRU QUE TU REVIENDRAIS DÉVALISER LE CASINO DE CETTE VILLE.
CELA FAIT UN BAIL, KYLE PALMER, DIT LA TORNADE.
...
RASSURE-TOI, JE SUIS ICI POUR AFFAIRES. JE N'AI PAS L'INTENTION DE M'ÉTERNISER.
C'EST MA VILLE NATALE, RICK BUTTERFLY.
ET PERSONNE NE PEUT DIRE QUE J'AI MIS À SAC LE CASINO, AUJOURD'HUI.
MAIS...
AH BON... DANS CE CAS, TRÈS BIEN.

ABUSE ENCORE DE MA PATIENCE...
ET TU NE RESSORTIRAS DE CETTE VILLE QUE LES PIEDS DEVANT.
COMME TON AMI HUCKLE.
NE T'EMBALLE PAS TROP, RICK.
SI TU ES DEVENU LE CHAMPION DES DUELS DE MANTICORE EN TUANT HUCKLE, CE N'EST PAS POUR L'ÉTERNITÉ !
J'AI BEAUCOUP VOYAGÉ, ET LÀ OÙ MES PAS M'ONT PORTÉ, J'AI CROISÉ BIEN DES AS DU REVOLVER QUI NE FERAIENT QU'UNE BOUCHÉE DE TOI.
VOYEZ-VOUS ÇA...

COMME CE HOPE EMERSON, ICI PRÉSENT.
PAR-DON ?
C'EST LE CHAMPION DE SCHWARZ !
DE CE QUE J'AI VU, TU NE LUI ARRIVES MÊME PAS À LA CHEVILLE.
TU DÉBLOQUES ? T'AS VU LA TRONCHE D'AHURI DE CE TYPE ?
EST-CE QU'IL A JAMAIS DÉGAINÉ UNE SEULE FOIS ?
IL N'A MÊME PAS D'ARME À LA CEINTURE !
OUI... EXACTEMENT !
JE NE SUIS PAS UN...
!!
TU NE VEUX PAS ME CROIRE ? TRÈS BIEN.
REGARDE, VOILÀ LA PREUVE QUE C'EST LE MEILLEUR TIREUR DE SCHWARZ !
Hope Emersom
This is the certificate that you became the champion of the duel in Schwartz
Chairman of the Duel Operate Committee
Mook Shin

IL ME SUFFIT DE PRÉSENTER CE PAPIER POUR QU'IL ENTRE D'EMBLÉE DANS VOTRE MEILLEURE LIGUE DE DUELS.
OÙ IL POURRA S'OCCUPER DE TOI, D'ICI TRÈS PEU.
!!
DIS DONC, KYLE, D'OÙ TU SORS CE PAPIER ?
IL EST À MOI !
DÉSOLÉ, MAIS SI JE TE L'AVAIS FILÉ, JE SUIS CERTAIN QU'IL AURAIT FINI EN COCOTTE.
HUM... CE N'EST DONC PAS DU BARATIN...
ÇA ME PLAÎT : SI JAMAIS JE LE BATS, JE DEVIENDRAI D'UN COUP LE CHAMPION DE DEUX VILLES...
ÉCOUTE-MOI, HOPE ! SI TEL EST TON NOM !
NOUS ALLONS NOUS BATTRE EN DUEL !
OH NON, PITIÉ ! JE N'AI AUCUNE ENVIE DE ME BATTRE, JE L'AI DÉJÀ DIT !

J'AI UN DUEL DE PRÉVU POUR DEMAIN MATIN.
HM... TIENS, JUSTEMENT...
JE N'AI AUCUNE INTENTION DE PARTICIPER À UN DUEL.
SI TU VEUX CE PAPIER QUE KYLE T'A MONTRÉ, JE TE LE DONNE, AUCUN PROBLÈME.
...
SI J'AFFRONTAIS HUCKLE AUJOURD'HUI, CE SERAIT HUMILIANT POUR LUI.
KYLE... JE NE SUIS PLUS CELUI QUE TU AS CONNU.
VIENS ME VOIR DEMAIN.
JE COMPTE SUR TOI, HOPE EMERSON.

SI TU ES UN VRAI TIREUR...

MANTICORE DUEL
TU DEVRAIS APPRÉCIER LE SPECTACLE QUE J'AI À T'OFFRIR.

IL N'Y A PAS DE SIGNAL POUR DÉGAINER LORS DES DUELS DE MANTICORE.
CELUI QUI TIRE SUR SON ADVERSAIRE LE PREMIER GAGNE !
PERSON-NELLEMENT, JE PRÉFÈRE CETTE RÈGLE.
ON EST OBLIGÉ DE SORTIR SES TRIPES POUR DÉGAINER.
CELA CRÉE UN SUSPENSE SUPPLÉMEN-TAIRE !

QUELLE VITESSE ! BRAVO, RICK BUTTERFLY !
HOP
OUAAAH
MÊME EN DÉGAINANT EN SECOND, IL GAGNE AISÉMENT !
QUELLE RAPIDITÉ INCROYABLE...
C'ÉTAIT QUOI, CE TIR ?!
IL NE TIRAIT PAS COMME ÇA, AVANT...
OUAH
ON APPELLE ÇA UN TWIST DRAW.
UN TWIST DRAW ?
OUI, C'EST LE MEILLEUR MOYEN D'ASSURER UN TIR TRÈS PRÉCOCE.

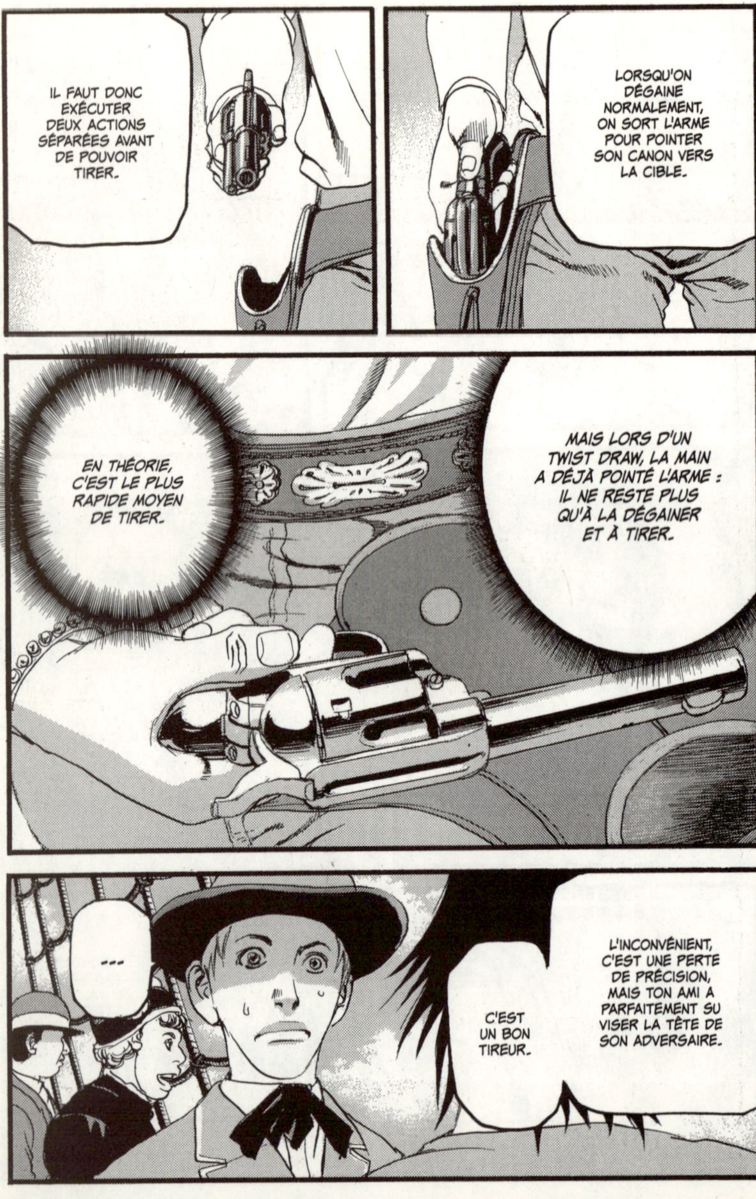
LORSQU'ON DÉGAINE NORMALEMENT, ON SORT L'ARME POUR POINTER SON CANON VERS LA CIBLE.
IL FAUT DONC EXÉCUTER DEUX ACTIONS SÉPARÉES AVANT DE POUVOIR TIRER.
MAIS LORS D'UN TWIST DRAW, LA MAIN A DÉJÀ POINTÉ L'ARME : IL NE RESTE PLUS QU'À LA DÉGAINER ET À TIRER.
EN THÉORIE, C'EST LE PLUS RAPIDE MOYEN DE TIRER.
L'INCONVÉNIENT, C'EST UNE PERTE DE PRÉCISION, MAIS TON AMI A PARFAITEMENT SU VISER LA TÊTE DE SON ADVERSAIRE.
C'EST UN BON TIREUR.
...

TU PENSES POUVOIR LE BATTRE, HOPE ?
COMME T'Y VAS, LÀ. JE NE PENSE RIEN DU TOUT, ET JE NE SONGE DÉJÀ PAS À L'AFFRONTER.
POURQUOI TU TE PERSUADES QUE JE...
!!
HOPE EMERSON !!
TU AS COMPRIS ?
C'EST TOI, LE PROCHAIN !
OH, C'EST PAS VRAI... JE N'AI JAMAIS DIT QUE JE L'AFFRONTERAIS !
...

HUCKLE BANKS...
COMMENT CONNAIS-TU CE NOM, NICOLA ?
C'EST COMME CELA QUE S'APPELAIT TON AMI, N'EST-CE PAS ?
J'AI ENTENDU UNE HISTOIRE...
DEUX AMIS INSÉPARABLES...
CELLE D'UN TIREUR SURDOUÉ ET D'UN JOUEUR DE GÉNIE...

LE JOUEUR DE GÉNIE ÉCUMAIT LES CASINOS ET LES VIDAIT DE LEUR RECETTE.
SOUS LA PROTECTION DU TIREUR SURDOUÉ, LE JOUEUR DE GÉNIE POUVAIT ACCUMULER L'ARGENT SANS SE SOUCIER DE LA MOINDRE MENACE.
LE TIREUR SURDOUÉ SE LAISSA CONVAINCRE PAR LE JOUEUR DE GÉNIE ET SE FIT UN NOM DANS LES "DUELS".
LEUR GLOIRE FUT À SON APOGÉE LORSQU'IL DEVINT LE CHAMPION EN TITRE DE CETTE VILLE.
MAIS CELA NE DURA PAS.
LE TIREUR SURDOUÉ FUT TUÉ PAR UNE ÉTOILE MONTANTE.
NON PAS LORS D'UN DUEL OFFICIEL, MAIS LORS D'UNE RENCONTRE SAUVAGE.

...
JE N'AURAIS JAMAIS IMAGINÉ UN JOUR RENCONTRER CE JOUEUR DE GÉNIE.
DÉPOSSÉDÉ DU MOINDRE PENNY QU'IL AVAIT ACCUMULÉ JUSQU'À PRÉSENT.
SANS LE SOUTIEN DE SON AMI TIREUR SURDOUÉ, LE JOUEUR DE GÉNIE FUT CHASSÉ DE LA VILLE...
KYLE, TU AS AMENÉ HOPE ICI AU NOM DE TA RANCŒUR, C'EST CELA ?
POUR TE VENGER DE RICK BUTTERFLY, L'ASSASSIN DE HUCKLE.
ÇA, JE LE SAIS BIEN, PETITE NICOLA.
JE N'AI AUCUNE INTENTION DE FAIRE S'AFFRONTER HOPE ET RICK.
SI C'EST LE CAS, JE CRAINS QUE TU NE TE FOURVOIES TOTALEMENT.
HOPE NE T'ACCORDERA JAMAIS CE QUE TU ESPÈRES.

MAIS JE N'AI AUCUN DOUTE...
JE SAIS QU'IL A DE QUOI DEVENIR LE MEILLEUR DUELLISTE AU MONDE !
MERCI DE VOTRE VISITE.
ÇA, C'ÉTAIT DE LA BOUFFE !
JE M'EN VOUDRAIS PRESQUE DE M'ÊTRE AUTANT RÉGALÉ TOUT SEUL.
C'EST POUR CELA QUE JE NE LE LÂCHERAI PAS TANT QU'IL NE S'EN SERA PAS RENDU COMPTE.
ENFIN, C'EST LEUR PROBLÈME SI KYLE ET...
HÉ !
JE NE VAIS PAS LE BASSINER AVEC MON PASSÉ AVEC HUCKLE.
PERSONNE N'A RIEN À GAGNER DANS L'AFFAIRE.

JE SAIS QUE TU ÉTAIS LÀ À MON DUEL.
JE SUIS VENU ENTENDRE TA RÉPONSE.
MAIS... PERSONNE NE M'ÉCOUTE OU QUOI ?
JE NE SUIS PAS UN TIREUR !
J'AI DÉJÀ DIT QUE JE N'AVAIS AUCUNE INTENTION DE ME BATTRE AVEC TOI !
FAUT APPRENDRE À ÉCOUTER !
...
D'ACCORD... TU M'AS VU ET MAINTENANT TU AS PEUR DE M'AFFRONTER...
TU N'ES DONC QU'UN VULGAIRE COUARD.
OUI, VOILÀ.
JE SUIS UN GROS TROUILLARD !
MAINTENANT QUE TU LE SAIS, TU PEUX ME LAISSER TRANQUILLE.
IL ME GÂCHERAIT PRESQUE LE PLAISIR DE MON REPAS.
...
MONSIEUR RICK, JE ME SUIS RENSEIGNÉ À SON SUJET.

EN FAIT... CE HOPE EMERSON... EST BIEN PLUS QU'IL N'Y PARAÎT.
VOUS SAVEZ QU'HANS GILES, L'UN DES CRIMSON EXECUTERS, A ÉTÉ ÉLIMINÉ LORS D'UN DUEL À SCHWARZ.
C'EST CET HOMME, EN PERSONNE, QUI EN EST LE RESPONSABLE.
COM-MENT ?!
EN FAIT, IL SEMBLERAIT QU'IL SOIT LA CIBLE DES CRIMSON EXECUTERS À L'HEURE ACTUELLE.
MAIS PAS UNIQUEMENT POUR L'ASSASSINAT DE HANS...
VOUS SOUVENEZ-VOUS DE LA JEUNE FILLE BLONDE QUI L'ACCOMPAGNAIT ?
CETTE GAMINE SEMBLE ÊTRE LA PROPRE PETITE-FILLE DE PHILIP CRIMSON : NICOLA CRIMSON.
ELLE S'EST ENFUIE DU GIRON FAMILIAL ET IL TENTE DE LA RATTRAPER PAR TOUS LES MOYENS.

EN TOUT
ÉTAT DE CAUSE,
J'AI APPLIQUÉ
VOS ORDRES
À LA LETTRE,
MONSIEUR RICK.
AINSI,
HOPE EMERSON
SERA OBLIGÉ
DE PARTICIPER
AU DUEL, POUR
QUE VOUS
L'ÉLIMINIEZ.

*Si tu veux les sauver, accepte de te battre.

ACTION 6 : Le faux duel

HÉ HÉ HÉ, COMME PRÉVU.
MONSIEUR RICK, HOPE EMERSON EST ARRIVÉ.
IL A FAIT PROCÉDER À L'INSCRIPTION DU DUEL.
MAIS... CET HOMME EST VENU À BOUT DE HANS GILES, LE CRIMSON EXECUTER.
EN LE TUANT, JE VAIS OBTENIR LE TITRE DE CHAMPION D'UNE DEUXIÈME VILLE SANS ME FOULER.
...
PLUS PERSONNE NE POURRAIT ME BATTRE, MÊME PAS QUI TU SAIS !
PFF... MON TWIST DRAW APPROCHE LA PERFECTION.
IL NE FAUDRAIT PAS LE SOUS-ESTIMER OU...

ACTION 6 : Le faux duel

CHANGEMENT DE PROGRAMME POUR LE POINT D'ORGUE DE LA JOURNÉE !
UN CHALLENGER DÉFIE RICK BUTTERFLY, LE CHAMPION INCONTESTÉ DE NOTRE VILLE !
MANTICORE DUEL
CET HOMME N'EST AUTRE QUE LE CHAMPION DE SCHWARZ, HOPE EMERSON !
CELUI A QUI L'ON ATTRIBUE LA MORT DE HANS GILES, L'UN DES CRIMSON EXECUTERS !

VOICI UN AFFRONTEMENT COMME VOUS N'EN VERREZ QU'UNE SEULE FOIS DANS VOTRE VIE !
LES COTES SONT AFFICHÉES !
C'EST PAS VRAI... COMMENT JE ME SUIS RETROUVÉ EMBARQUÉ LÀ-DEDANS...
J'AURAIS JAMAIS IMAGINÉ DEVOIR ME PRÉSENTER DE MOI-MÊME DANS UN DE CES FOUTUS DUELS.
ET ÇA FAIT LA DEUXIÈME FOIS EN QUELQUES JOURS...
DÉSOLÉ, PAPA...
JE N'AI PAS ENVIE DE GASPILLER TON ÂME À DES CHOSES PAREILLES...
MAIS SI JE NE FAIS RIEN, DEUX PERSONNES LE PAIERONT SANS DOUTE...
!!
OH, QUEL MAGNIFIQUE REVOLVER !

DÉSOLÉ DE TE DIRE ÇA COMME ÇA, MAIS TU N'AS PAS VRAIMENT L'AIR DE QUELQU'UN QUI AURAIT DESSOUDÉ UN CRIMSON EXECUTER.
C'EST TOI, HOPE EMERSON ?

JE ME PRÉSENTE : BEAT GABRIEL.
SI TU NE M'AVAIS PAS DEVANCÉ, C'EST MOI QUI ME SERAIS CHARGÉ DE DESCENDRE RICK AUJOURD'HUI.
MAIS... T'ES SÛR QUE T'EN ES CAPABLE ?
T'AS L'AIR TOUT MOU... TU PENSES POUVOIR BATTRE À LA VITESSE SON TWIST DRAW ?
...
HA ! LÂCHE-MOI, VEUX-TU ?
JE N'AVAIS DÉJÀ AUCUNE INTENTION DE PARTICIPER À CE DUEL AU DÉPART.
MAIS LES CIRCONSTANCES SONT TELLES QUE J'Y SUIS FORCÉ. VOILÀ.
COMMENT ÇA ? QUE VEUX-TU DIRE ?

HEIN ?!
MAIS C'EST DU CHANTAGE, PUR ET SIMPLE !
J'AURAIS JAMAIS IMAGINÉ QUE CE RICK ÉTAIT UNE TELLE CRAPULE !
BON C'EST CLAIR QUE DE VISU, IL A PAS UNE TRONCHE DE PORTE-BONHEUR, MAIS DE LÀ À ÇA...
...
BON, TU PEUX COMPTER SUR MOI, HOPE !
PAR-DON ?
JE VAIS TÂCHER DE LES LIBÉRER AVANT QUE TU NE PARTICIPES À CE DUEL !
ILS DOIVENT SE TROUVER QUELQUE PART PAR ICI !
SI JE NE FAIS RIEN, TU VAS SERVIR JUSTE DE CIBLE D'ENTRAÎNEMENT AU TWIST DRAW DE RICK.
ET TU NE PEUX RIEN FAIRE DE SUSPECT, OU ILS SERONT SANS DOUTE EXÉCUTÉS.
OH... MAIS... JE...
MON DIEU, UN CHIC TYPE ?
MAIS SI JE LES LIBÈRE, EN ÉCHANGE TU ME LAISSES PRENDRE TA PLACE DANS LE DUEL.

FAIS-MOI CONFIANCE ! QUAND JE M'ENGAGE À QUELQUE CHOSE, JE NE DÉÇOIS JAMAIS !
ATTENDS PATIEMMENT !
FLÛTE... PLUS LE CHOIX...
L'HEURE EST VENUE, MISTER HOPE EMERSON.
JE VAIS VOUS CONDUIRE JUSQU'À L'ARÈNE.
IL M'A MENTI ! JE LE SAVAIS... C'ÉTAIT UN BARATINEUR !
IL DÉÇOIT JAMAIS, HEIN ?!

FINALEMENT, C'EST À MOI QU'IL VA REVENIR DE RÉGLER CE PROBLÈME.
DÉSOLÉ, PAPA...
WOOAAH
PRÊTE-MOI TA FORCE...
WOOAAH
HOP
POUR SAUVER MES DEUX COMPAGNONS !

CLANK
CLANK
TU VAS ASSISTER À LA MISE À MORT DE TON AMI.
CLANK
CLANK
PROFITE BIEN DU SPECTACLE.
MAIS SI JAMAIS TU TE FAIS REMARQUER, JE SERAI OBLIGÉ DE TE TUER.
...
AU FAIT...
SI HOPE BAT RICK, QUE SE PASSERA-T-IL ?
NE TE TORTURE PAS LES MÉNINGES AVEC ÇA. COMMENT RICK POURRAIT-IL PERDRE FACE À CE TROUILLARD ?
JE NE M'ADRESSAIS PAS À TOI, RÉSIDU DE FAUSSE-COUCHE DE RICK.
MAIS À TOI, CARMEL LES BONS TUYAUX !
DÈS QU'IL Y A QUELQUE CHOSE DE LOUCHE, IL FAUT QUE T'Y SOIS IMPLIQUÉ, HEIN ?
...

QUEL PORTRAIT TU DRESSES LÀ DE MOI.
JE SUIS SIMPLEMENT TRÈS SENSIBLE À L'ODEUR DE L'ARGENT.
JE ME FAIS L'ALLIÉ DE CEUX QUI ME SONT PROFI-TABLES.
COMME LORSQU'IL S'EST AGI DE VOUS FAIRE DISPARAÎTRE, HUCKLE ET TOI, DE CETTE VILLE.
CETTE FOIS-CI, IL ME FAUT TIRER PROFIT DES VIES DE HOPE EMERSON ET DE CETTE JEUNE FILLE.
RICK DEVRAIT L'EMPORTER, MAIS JE NE PEUX PAS EXCLURE QU'IL PERDE. DANS CE CAS, ON S'OCCUPERA DE FAIRE DISPARAÎTRE HOPE.
TU VOIS, KYLE : PEU IMPORTE LE RÉSULTAT, IL ME SERA TOUJOURS FAVORABLE.
TOI, MÊME QUAND TU PARVIENS À QUELQUE CHOSE, L'ÉCLAT DE TON TALENT FAIT ET FERA TOUJOURS DE TOI LA CIBLE D'UN RETOUR DE BÂTON.

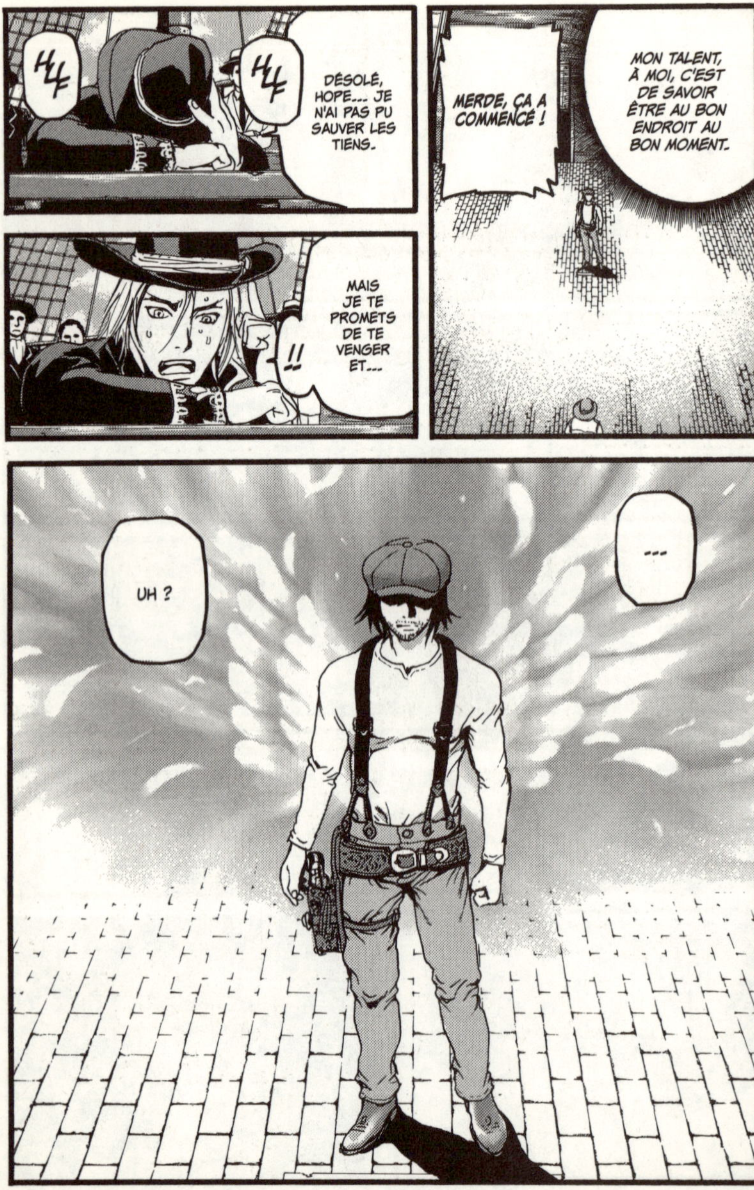
MON TALENT, À MOI, C'EST DE SAVOIR ÊTRE AU BON ENDROIT AU BON MOMENT.
MERDE, ÇA A COMMENCÉ !
DÉSOLÉ, HOPE... JE N'AI PAS PU SAUVER LES TIENS.
HFF
HFF
MAIS JE TE PROMETS DE TE VENGER ET...
!!
...
UH ?

C'EST LUI ?
IL NE RESSEMBLE ABSOLUMENT PAS AU TYPE QUE J'AI CROISÉ TOUT À L'HEURE...

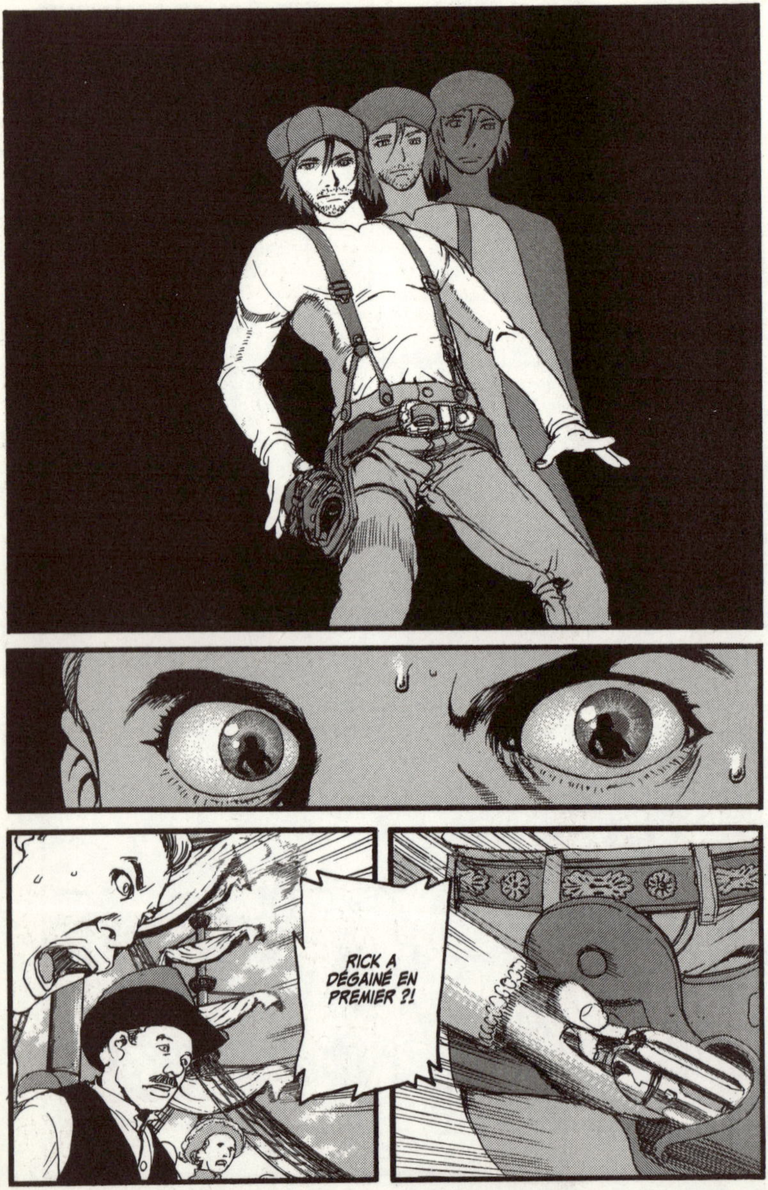
RICK A DÉGAINÉ EN PREMIER ?!

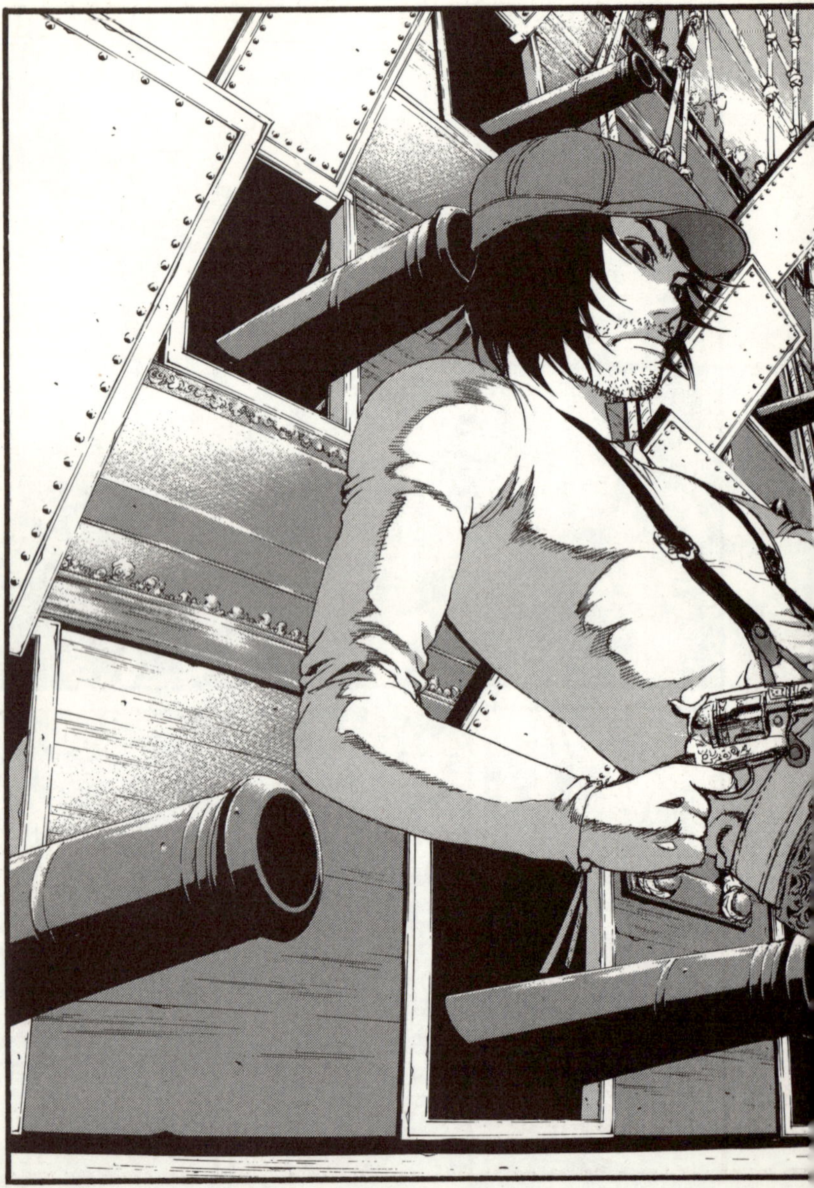

CE... C'EST FINI !
WOOAAAH
LE VAINQUEUR EST HOPE EMERSON !
QUI AURAIT PU PRÉVOIR UNE TELLE ISSUE ?!
...
OH, MINUTE, LÀ...
MAIS C'EST UN DIEU, EN FAIT, CE TYPE...
!!
MAIS !

N'HÉSITE PAS !
QU'EST-CE QUE TU FICHES ? PROFITE DE LA CONFUSION GÉNÉRALE POUR TIRER !
HOOOPE !!
!!
PAAAN
TAC
JE T'AVAIS DIT DE NE PAS TE FAIRE REMARQUER !
PAN

TZING
QUOI ?!
HÉ ! PAS UN GESTE !
JE NE RATE JAMAIS MA CIBLE.
SI TU TIENS À TA PEAU, EN TOUT CAS.

RASSURE-TOI, HOPE, TES DEUX AMIS SONT EN SÉCURITÉ !
QU'EST-CE QUI SE PASSE ?!
C'EST BEAT ?
À CETTE DISTANCE, TA TÊTE DEVRAIT ÉCLATER EN TOUT PLEIN DE MORCEAUX !
TU VOIS... J'AI TENU MA PROMESSE, HEIN ?
C'EST LA PREMIÈRE FOIS QUE JE VOIS DES TYPES D'UNE TELLE BASSESSE... TENTER D'ASSASSINER LE VAINQUEUR D'UN DUEL, NON MAIS J'VOUS JURE !
VOUS FERIEZ MIEUX DE BIEN LES LIGOTER...
Y COMPRIS VOTRE ANCIEN CHAMPION, LÀ !

HO... HOPE !
TU AS PRIS LA BONNE DÉCISION ! JE N'AURAIS JAMAIS IMAGINÉ QUE TU PRENDRAIS PART DE TOI-MÊME À UN DUEL !
ON SE DEMANDE BIEN À QUI LA FAUTE !
ET QUEL SPECTACLE ! TU AS DÉJOUÉ LE TWIST DRAW DE L'AUTRE !
C'ÉTAIT QUOI, CE MOUVEMENT OÙ TU AS CONTORSIONNÉ TON CORPS ? UN NOUVEAU TOUR ?
UN "NOUVEAU TOUR" ?
MAIS IL ME PREND POUR UN ARTISTE DE CIRQUE OU QUOI ?
C'ÉTAIT JUSTE UNE FAÇON RAPIDE DE DÉGAINER.
JE ME SUIS CONTENTÉ D'EXPLOITER LE POINT FAIBLE DE SON TWIST DRAW.
QUEL POINT FAIBLE ?
JE TE L'AI DÉJÀ DIT, UN TWIST DRAW FAIT PERDRE ÉNORMÉMENT DE PRÉCISION.
SURTOUT FACE À UNE CIBLE EN MOUVEMENT.

IL LUI AURAIT FALLU UNE SACRÉE EXPÉRIENCE POUR SAVOIR TOUCHER UNE CIBLE MOUVANTE EN DÉGAINANT DE CETTE FAÇON.
MAIS SOUVIENS-TOI, TU M'AVAIS JUSTEMENT SIGNALÉ QUE QUAND TU L'AVAIS CONNU, IL NE TIRAIT PAS AINSI.
EUH...
C'EST POUR ÇA QU'IL NE DÉGAINAIT JAMAIS EN PREMIER...
CAR TOUT LE MONDE EST OBLIGÉ DE SE FIGER UN INSTANT, AU MOMENT DE SE PRÉPARER À DÉGAINER.
C'ÉTAIT DONC ÇA ! VOILÀ POURQUOI TU AS BOUGÉ AVANT !
OUI, JE L'AI DÉSTABILISÉ ET J'AI RÉUSSI À LE FAIRE DÉGAINER EN PREMIER.
DÈS LORS QU'IL AVAIT SORTI SON ARME, IL AVAIT PERDU !
SANS CE GENRE DE MANIPULATION, UN TYPE COMME MOI N'AURAIT JAMAIS PU...
MENTEUR !

TU AS FAIT PRÉCISÉMENT CE QUE J'IMAGINAIS ACCOMPLIR.
TU AS TORDU TON CORPS AU MAXIMUM POUR RÉDUIRE AU MINIMUM TON ANGLE DE TIR ET AINSI DEVANCER N'IMPORTE QUELLE AUTRE TECHNIQUE.
DE PLUS, TU ES TELLEMENT RAPIDE QUE TU AURAIS PU FAIRE CE QUE TU VOULAIS DE LUI.
AH, C'EST VRAI ! J'AVAIS OUBLIÉ DE TE REMERCIER !
VENEZ, VOUS AUTRES.
GRR
JE ME FICHE DES FÉLICITATIONS !
TU AS MAINTENANT EN TA POSSESSION DEUX CERTIFICATS.
SI JE TE BATS, JE POURRAI DEVENIR LE CHAMPION DE DEUX VILLES SANS TROP D'EFFORTS...
BATTONS-NOUS PLUTÔT EN DUEL, HOPE !
PARDON ?

JE N'AI AUCUNE ENVIE D'AFFRONTER UN TYPE QUI NE VEUT PAS SE BATTRE.
JE PLAISANTAIS.
JE T'AI DIT QUE JE N'ÉTAIS PAS UN DUELLISTE !
OH NON, PITIÉ !
...
TU VAS PAS TE TRANSFORMER EN RICK...
PITIÉ, NE ME DÉÇOIS PAS !
JE SAIS QU'UN JOUR VIENDRA OÙ NOUS NOUS AFFRONTERONS.
MAIS ÉCOUTE-MOI QUAND JE TE DIS QUE JE VOIS COULER DANS TES VEINES LE SANG D'UN PUR DUELLISTE.
NE T'AVISE PAS DE CREVER D'UNE FAÇON STUPIDE D'ICI LÀ !

OUI, IL DOIT ÊTRE LESSIVÉ.
ÇA N'AURA DURÉ QU'UN INSTANT.
UNE SECONDE APRÈS AVOIR FINI SON ASSIETTE.
QUEL IMBÉCILE... IL N'AVAIT PAS À RENTRER DANS LES PLANS DE RICK NI À PARTICIPER À CE DUEL...
J'AI MAINTENANT UNE TERRIBLE DETTE ENVERS LUI.
TU M'AS SURPRIS.
C'EST PAS TOI QUI AS HURLÉ POUR LE PRÉVENIR ALORS QUE TU AVAIS UN REVOLVER POINTÉ SUR TA TEMPE ?
ÇA TE VA BIEN DE DIRE ÇA.
POURQUOI S'EST-IL SENTI OBLIGÉ DE METTRE SA VIE DANS LA BALANCE POUR NOUS ?
TU SAIS BIEN QUE C'EST MA CHÈRE POULE AUX ŒUFS D'OR...
ALLONS, NICOLA...

MON PÈRE PARTICIPAIT AUX DUELS.
IL Y ALLAIT POUR PAYER DE QUOI ME NOURRIR. ET IL EST MORT, ALORS QUE J'ÉTAIS ENCORE UN GOSSE.
IL N'AVAIT AUCUN TALENT, MAIS IL AVAIT UNE GRANDE GUEULE.
IL DISAIT TOUJOURS QU'IL ALLAIT DEVENIR LE CHAMPION MONDIAL DES DUELS.
ET JE LE CROYAIS. ÇA M'A FAIT UN CHOC INCROYABLE QUAND J'AI APPRIS SA MORT.
C'EST POUR ÇA QUE JE N'AVAIS AUCUNE ENVIE DE PARTICIPER AUX DUELS DE MA VIE.
C'EST PAS COMME SI J'ÉTAIS UN PRODIGE COMME L'AUTRE.
ENFIN, J'AI D'AUTRES TALENTS.
MAIS CE QUE JE VEUX, C'EST VOIR, DE MON VIVANT...
UN VRAI CHAMPION DU MONDE DES DUELS !

ET CET IDÉAL, JE L'AI REPORTÉ SUR LUI.
ALORS JE NE LE LAISSERAI PAS MOURIR SANS RIEN DIRE !
J'AI UN TRUC À TE DEMANDER, MONSIEUR JE-SAIS-TOUT.
HOPE, ICI PRÉSENT, RECHERCHE QUELQU'UN.
SI TU ES HONNÊTE AVEC NOUS, J'ESSAIERAI DE FAIRE JOUER MES TALENTS D'ORATEUR POUR QUE LE MATON TE RELÂCHE.
QU'EN DIS-TU ? TU DOIS VOIR QUE TU AS TOUT À Y GAGNER, N'EST-CE PAS ?
...
EN EFFET.
TRÈS BIEN. QUEL EST L'INDIVIDU QUE VOUS RECHERCHEZ ?
JE VOUS RÉPONDRAI DANS LA LIMITE DE MES CONNAISSANCES.
COLE EMERSON.
MON GRAND FRÈRE.

...
JE RECHERCHE LE MOINDRE RENSEIGNEMENT.
CELA FAIT BIENTÔT DIX ANS QUE J'AI PERDU SA TRACE.
JE N'AVAIS PAS OSÉ FAIRE LE LIEN, PENSANT À UNE SIMPLE COÏNCIDENCE MAIS C'ÉTAIT DONC ÇA...
C'ÉTAIT DONC ÇA... EMERSON...
HÉ HÉ HÉ.
SI JAMAIS TU AS DÉJÀ ENTENDU CE NOM, PEUX-TU ME...
!!
C'EST TON FRÈRE QUI LUI A ENSEIGNÉ SON TWIST DRAW.
ON PEUT LE DIRE. NOUS AVONS EU SOUVENT AFFAIRE À CET HOMME.
TU CONNAIS COLE ?!
TIENS, RICK BUTTERFLY, TA VICTIME.

HEIN ?
ET POUR TE DIRE LA VÉRITÉ, KYLE, CE N'EST PAS RICK QUI S'EST CHARGÉ DE TON AMI HUCKLE.
TU T'ES TOTALEMENT TROMPÉ DE CIBLE.
C'EST LE FRÈRE DE TON AMI HOPE EMERSON...
COLE EMERSON QUI S'EN EST CHARGÉ.

SI VOUS SOUHAITEZ VOUS LANCER À SA POURSUITE, JE ME PERMETS DE VOUS RECOMMANDER D'EMBARQUER À BORD DE L'ASIA, SUR LE DOCK N°3.
J'AI ENTENDU DIRE QU'IL A CHANGÉ DE CONTINENT ET QU'IL EST MAINTENANT SUR TARKUS.
VOUS DEVRIEZ ARRIVER SUR TARKUS APRÈS UN VOYAGE DE 4 JOURS.
OUI...
ET PUIS TON FRÈRE AVAIT SANS DOUTE SES RAISONS, LUI AUSSI.
...
C'EST PAS VRAI...
JE T'AI DIT QUE JE N'EN AVAIS RIEN À FAIRE DE LA MORT DE HUCKLE.
TU VAS FAIRE LA GUEULE ENCORE LONGTEMPS ?
OUI... D'ACCORD...

MAIS... ATTENDS...
MÊME UN HANDICAPÉ DU JEU COMME TOI A DE QUOI EN DÉPENSER JUSQU'À PLUS SOIF !
ON A DE L'ARGENT À PLUS SAVOIR QU'EN FAIRE, ENTRE CE QUE J'AI GAGNÉ ET TA PRIME DE VAINQUEUR.
DIRECTION LE CASINO, POUR SE CHANGER LES IDÉES !
BON, PAS LE CHOIX.
HEIN ?
...
ET PUIS UN NOUVEAU CONTINENT NOUS ATTEND.
OUI MAIS TOI, TU AS BIEN PARTICIPÉ À UN DUEL.
COMME ÇA, ON SERA QUITTES.
JE CROYAIS QUE TU NE VOULAIS PLUS JAMAIS JOUER ?
CASINO 1st MANTICORE
NOUS ALLONS AVOIR BESOIN DE BEAUCOUP DE RESSOURCES.
CASINO 1st MANTICORE

NON MAIS TU PLAISANTES ?!
TU AS PERDU TOUT TON ARGENT EN SI PEU DE TEMPS ?!
C'EST TOI QUI M'AS DIT QUE JE POUVAIS JOUER COMME JE L'ENTENDAIS !
COMME TU L'ENTENDAIS, CERTES, MAIS IL Y A DES LIMITES DICTÉES PAR LE BON SENS !
C'EST PAS POSSIBLE D'ÊTRE AUSSI MAUVAIS !
PROMETS-MOI DE NE JAMAIS REJOUER DE TA VIE ! OU BIEN DANS CE CAS, JE T'ABANDONNE ET TU MOURRAS SEUL ET TRISTE !
T'AS PAS FINI DE ME BLÂMER ?
JE SUIS PAS LE SEUL À AVOIR VIDÉ MES POCHES !
C'ÉTAIT PAS TOI QUI DISAIS QUE TU N'AVAIS JAMAIS PERDU UNE SEULE FOIS ICI ?!
DIS DONC, C'EST PARCE QUE TU DÉPRIMAIS DANS TON COIN QUE J'AI ACCEPTÉ DE JOUER, ALORS QUE JE SAVAIS PERTINEMMENT QUE LA FORTUNE N'ÉTAIT PAS DE MON CÔTÉ !
DANS DES CONDITIONS PAREILLES, MOI AUSSI JE NE SUIS QU'UN SIMPLE JOUEUR !
CE N'EST PAS COMME SI MA VIE ÉTAIT EN JEU !
T'AS QU'À L'ENCHAÎNER À TES PIEDS, TA "FORTUNE" !
NE ME METS PAS ÇA SUR LE DOS ! JE T'AVAIS DIT QUE JE NE VOULAIS PLUS JOUER !

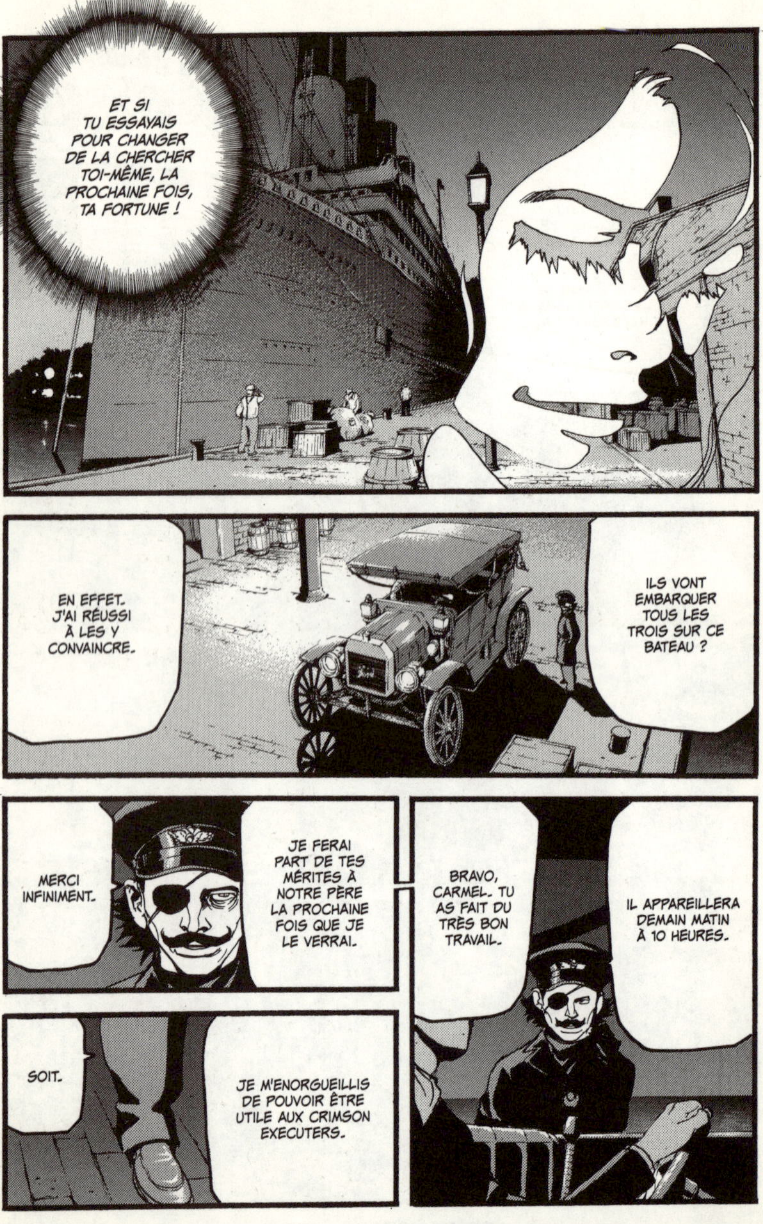
ET SI TU ESSAYAIS POUR CHANGER DE LA CHERCHER TOI-MÊME, LA PROCHAINE FOIS, TA FORTUNE !
ILS VONT EMBARQUER TOUS LES TROIS SUR CE BATEAU ?
EN EFFET. J'AI RÉUSSI À LES Y CONVAINCRE.
IL APPAREILLERA DEMAIN MATIN À 10 HEURES.
BRAVO, CARMEL. TU AS FAIT DU TRÈS BON TRAVAIL.
JE FERAI PART DE TES MÉRITES À NOTRE PÈRE LA PROCHAINE FOIS QUE JE LE VERRAI.
MERCI INFINIMENT.
JE M'ENORGUEILLIS DE POUVOIR ÊTRE UTILE AUX CRIMSON EXECUTERS.
SOIT.

PEACE MAKER 1 / END

TO BE CONTINUED

PRESENTED BY
Ryouji Minagawa

ULTRA JUMP EDITOR
Ryo Ito
Tatsuya Muto

COVER DESIGN
LIGHTNING

PEACE MAKER

First published in Japan in 2007 by SHUEISHA Inc., Tokyo.
French translation rights in France, French-speaking Belgium, Luxembourg,
Monaco, Switzerland and Canada arranged by SHUEISHA Inc.
through VIZ Media Europe, SARL, France

Édition française
Traduction : David Deleule
Correction : Yoann Passuello
Lettrage : Digibox

Éditions Glénat
Couvent Sainte-Cécile – 37, rue Servan – 38000 Grenoble
ISBN : 978-2-7234-8040-6
ISSN : 1253-1928
Dépôt légal : septembre 2011

Imprimé en France en septembre 2011
par Hérissey – 27 000 Évreux
sur papier provenant de forêts gérées de manière durable

www.glenatmanga.com